Eberhard Haunhorst / Christoph Willers (Hrsg.)

Nachhaltiges Management

Eberhard Haunhorst / Christoph Willers (Hrsg.)

Tagungsband

Nachhaltiges Management
Sustainability, Supply Chain, Stakeholder

unter redaktioneller Mitarbeit von Janina Bethscheider

Bibliografische Informationen der Deutschen Nationalbibliothek
Die Deutsche Nationalbibliothek verzeichnet diese Publikation in der Deutschen
Nationalbibliografie; detaillierte bibliografische Daten sind im Internet über
http://dnb.d-nb.de abrufbar.

© Eberhard Haunhorst / Christoph Willers
Umschlagdesign, Herstellung und Verlag:
Books on Demand GmbH, Norderstedt
ISBN 978-3-8423-7671-7

Vorwort

Nachhaltigkeit ist zu einem zentralen Wettbewerbsfaktor für die Agrar- und Ernährungswirtschaft geworden. Sowohl national als auch international zeigt sich eine verstärkte Diskussion um die Verantwortung von Unternehmen. Auch das Bewusstsein des heutigen Verbrauchers verändert sich stetig und zeigt eine starke Tendenz zum Kauf und Konsum „nachhaltig produzierter Lebensmittel".

Die Fragestellungen dazu sind vielfältig: Wie kann die Praxis auf diese Entwicklung reagieren? Welche Verantwortung trägt das Unternehmen? Welche Chancen und Risiken ermöglichen sich aus diesem Verhalten? Und wie implementiert man ein „Nachhaltiges Managementsystem"? Diese und noch weitere Fragen standen während der zweitägigen Tagung „Nachhaltiges Management – Sustainability, Supply Chain, Stakeholder" am 11. und 12. Mai 2011 in Bonn im Mittelpunkt der Diskussionen. Namhafte Experten aus Industrie und Handel sowie Behörden und Wissenschaft diskutierten mit den Teilnehmern die Chancen und Risiken von nachhaltigem Management.

Der vorliegende Tagungsband greift einige der Beiträge der Veranstaltung auf und möchte durch die vielschichtigen und teilweise kontroversen Betrachtungsweisen den Leser anregen. Denn darin waren sich die Teilnehmer der Tagung einig: Es ist keine Frage, ob man sich mit dem Thema Nachhaltigkeit auseinandersetzen muss, sondern es stellt sich nur noch die

Frage, wie Unternehmen der Agrar- und Ernährungsbranche mit diesen Herausforderungen zukünftig umgehen.

Ein ganz herzlicher Dank gilt allen Mitautoren, die mit ihrem fundierten Fachwissen und ihren umfangreichen Praxiserfahrungen zum Gelingen dieses Werkes beigetragen haben. Weiterhin bedanken wir uns bei Joachim Philipp für die Erstellung der Abbildungen und Janina Bethscheider für ihre tatkräftige redaktionelle Unterstützung.

Oldenburg/Bonn, im September 2011

Prof. Dr. Eberhard Haunhorst	Dr. Christoph Willers
Vorstandsvorsitzender ifnm e.V.	Geschäftsführer ifnm e.V.

Inhaltsverzeichnis

Vorwort 5

Teil 1: Zum Spannungsfeld 9

Der Triple S-Ansatz: Sustainability, Supply Chain und Stakeholder
Dr. Christoph Willers (Institut für Nachhaltiges Management e.V.) 11

Teil 2: Sustainability 27

Sustainability, Corporate Social Responsibility und Corporate Citizenship – ein Abgrenzungsversuch im Begriffswirrwarr
Prof. Dr. Matthias S. Fifka (Cologne Business School) 29

Der Handel als Treiber von Nachhaltigkeit – oder als Getriebener?
Guido Frölich (tegut... Gutberlet Stiftung & Co.) 51

Teil 3: Supply Chain 67

Kriterien der Nachhaltigkeit in den einzelnen Wertschöpfungsstufen – CO_2-Bilanz als Indiz für Nachhaltigkeit?
Dr. Jennifer Teufel (Öko-Institut e.V.) 69

Welche Bedeutung hat Animal Welfare im Zusammenhang mit Nachhaltigkeit?
Prof. Dr. Eberhard Haunhorst (Niedersächsisches Landesamt für Verbraucherschutz und Lebensmittelsicherheit) 79

Was haben Welthunger, Tiergesundheit und Tierschutz mit Nachhaltigkeit zu tun?
Prof. Dr. Thomas Blaha (Stiftung Tierärztliche Hochschule Hannover) 87

Teil 4: Stakeholder **95**

Stakeholder-Management: Sichtweisen verschiedener
Anspruchsgruppen zur Nachhaltigkeit
*Nina Friedrich / Prof. Dr. Ludwig Theuvsen (Georg-August
Universität Göttingen)* **97**

Nachhaltigkeit in der öffentlichen Wahrnehmung –
Chance oder Risiko?
Dr. Torsten Weber (AFC Risk & Crisis Consult GmbH) **123**

„Nachhaltiges Management" – rechtliche Gesichtspunkte
*Dr. Markus Grube / Prof. Dr. Ulrich Krell (Krell Weyland
Grube Rechtsanwälte)* **133**

Teil 5: Ausblick **143**

Triggering sustainable supply chains – Supporting consumers
and opportunity for companies
Pieter van Midwoud (ecoScan) **145**

Autoren **155**

Institut für Nachhaltiges Management e.V. (ifnm) **161**

Mitgliedschaft **163**

Teil 1
Zum Spannungsfeld

Der Triple S-Ansatz: Sustainability, Supply Chain und Stakeholder

Dr. Christoph Willers (Institut für Nachhaltiges Management e.V.)

1. Einleitung

Es gibt kaum eine Branche, die so häufig und mit so verschiedenen Themen im Fokus der öffentlichen Wahrnehmung und Diskussion steht, wie die Agrar- und Ernährungsbranche. Ob nun dieser Aspekt der Grund für einen zu beobachtenden stetigen Wandel in diesem Wirtschaftszweig oder vielmehr die öffentliche Diskussion Treiber dieser Transformation ist, sei dahingestellt. Fest steht jedoch, dass sich die Agrar- und Lebensmittelmärkte seit jeher einem stetigen Wandel unterwerfen (vgl. Abbildung 1), fast schon gemäß der Aussage von Heraklit „Nichts ist so beständig wie der Wandel".

Stand man in den Nachkriegsjahren in einer Zeit des Aufschwungs einem Verkäufermarkt gegenüber und dem gesellschaftlichen Anspruch nach einer vorrangigen Befriedigung von Grundbedürfnissen, rückte ab den 80er Jahren des letzen Jahrhunderts das bis dahin vorherrschende Verständnis von „Masse statt Klasse" zunehmend in den Hintergrund. Grund hierfür war in erster Linie das Auftreten – bzw. die zunehmende Sensibilisierung und veränderte Wahrnehmung – von ersten „Skandalen" oder Missständen in der Food Value Chain. Nicht zuletzt die BSE-Problematik war ein Auslöser für ein bisher unbekanntes Gefühl der Ungewissheit auf Seiten der Verbraucher. Als Resultat folgten eine verstärkte Implementierung von Basisanforderungen der Qualitätssicherung sowie die Entwicklung von Standards entlang der Supply Chain. Rückverfolgbarkeit war schlagartig das non-plus-ultra.

Abbildung 1 Wandel der Agrar- und Lebensmittelmärkte

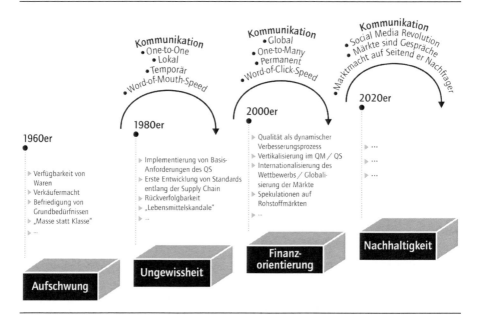

Im Laufe der Zeit wurde der Qualitätsaspekt nicht mehr als hinreichende Bedingung betrachtet, sondern zunehmend als dynamischer Verbesserungsprozess angesehen, ganz im Sinne „Wer aufhört, besser zu werden, hat aufgehört, gut zu sein". Flankiert wurde diese Entwicklung durch eine wachsende Vertikalisierung in Managementprozessen, nicht zuletzt bedingt durch eine rasant voranschreitende Internationalisierung des Wettbewerbs sowie einer zu beobachtenden Globalisierung der Märkte. Spätestens ab diesem Zeitpunkt ist allen Beteiligten im Agrar- und Lebensmittelsektor klar vor Augen geführt worden, dass auch hier ein hohes Maß an Finanzorientierung Einzug gehalten hat. Die Spekulationen auf den Rohstoffmärkten und die teilweise zu verzeichnenden Spekulationswellen im Agrarsektor mit anschließenden Preissteigerungen zeichnen ein Bild davon.

Gegenwärtig befindet sich der Agrar- und Ernährungsbereich auf der Schwelle bzw. der bereits überschrittenen Grenze zum Zeitalter der Nachhaltigkeit. Dabei ist Nachhaltigkeit keineswegs eine Erfindung unserer Zeit. Das Thema hat jedoch eine neue Bewegung ausgelöst und wird uns zukünftig intensiv begleiten. Führt man sich die unterschiedlichen Themenfelder vor Augen, erscheint die Nachhaltigkeitsidee mitunter als ein Resultat der Krise, markiert jedoch gleichzeitig auch die Entstehung eines neuen Bewusstseins. Gleichwohl sind die Inhalte teils noch unscharf. Diese Unschärfe, nicht zuletzt ausgelöst durch eine Vielzahl von verwirrenden Begriffsabgrenzungen (vgl. Beitrag von FIFKA in diesem Tagungsband) hat dazu geführt, dass die Nachhaltigkeitsdiskussion an einigen Stellen als Alibi-Diskussion oder Allheilmittel für jegliche bisher im Agrar- und Ernährungssektor bekannten Probleme und gleichzeitig auch für alle kommenden Herausforderungen Geltung erlangen soll. Betrachtet man aber gleichzeitig die im Laufe der Zeit wandelnden Kommunikationsbeziehungen und -möglichkeiten erscheint genau diese Haltung fatal. Internet und Mobiltelefon haben das Kommunikationsverhalten grundlegend verändert. Menschen kommunizieren nicht mehr one-to-one, lokal oder temporär. Sie sind permanent erreichbar, haben unbegrenzten Zugriff auf nahezu alle Informationen und können mit jedem in der Welt jederzeit kommunizieren, egal wo sie sich gerade befinden (WITTERN, 2010). „Märkte sind Gespräche" (LEVINE ET AL. 2000), d.h. Verkäufermärkte waren gestern und die Marktmacht hat auf die Seiten der Nachfrager bzw. der Stakeholder gewechselt (vgl. Beitrag von WEBER in diesem Tagungsband). Kommuniziert man daher Nachhaltigkeit, vernachlässigt aber den konkreten Inhalt, ist das wie Schlittschuhlaufen auf dünnem Eis – der Einbruch muss nicht kommen, die Wahrscheinlichkeit dafür ist aber sehr hoch.

DAVID BOSSHART (2011), CEO des Gottlieb Duttweiler Instituts, wies darauf hin, dass wir unsere „Vorbildrolle und Achtung fast überall verloren [haben] – beginnend bei den Finanzmärkten bis hin zu den Menschenrechten. Nachhaltigkeit wird zu einem Leitwert für die Gesellschaft werden und darum langfristig von Bedeutung bleiben: Forderungen nach wirtschaftlichen und politischen Lösungen werden noch lauter." Die Frage, die sich stellt, ist die, ob vor diesem Hintergrund der zukünftige Erfolg in marktwirtschaftlich organisierten Systemen vielleicht sogar vom „Triple-S" abhängt (Abbildung 2):

- **Sustainability:** Schaffung von nachhaltigen Werten unter Berücksichtigung der ökonomischen, ökologischen und sozialen Dimensionen (inhaltlich und strategisch).

- **Supply Chain:** Gewährleistung einer integrierten und ganzheitlichen Sichtweise entlang der gesamten Wertschöpfungskette (horizontal: prozessual und funktional).

- **Stakeholder:** Berücksichtigung aller relevanten Anspruchsgruppen innerhalb der Nachhaltigkeits-Dimensionen und entlang der Supply Chain (vertikal: personell und institutionell).

Abbildung 2 „Triple-S": Sustainability, Supply Chain und Stakeholder

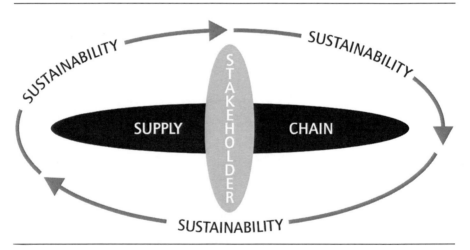

Diese pragmatische Dreigliedrigkeit ermöglicht eine Eingrenzung des Suchfeldes. Denn im Rahmen der vielfältigen Nachhaltigkeitsdiskussionen ereilt die Beteiligten anscheinend oftmals ein vorauseilender Gehorsam und es wird versucht die eigene Handlungsfähigkeit mit einer anzugehenden Umsetzung einer ad-hoc-Nachhaltigkeitstrategie zu demonstrieren. Nachhaltigkeit quasi im Express-Modus. Es hat sich aber als praktikabel erwiesen, komplexe Problemstellungen in Einzelteile zu zerlegen. Denn zuerst gilt es zu prüfen, wo man nach Problemen und damit nach Problemlösungen Ausschau halten kann. Das Suchfeld muss daher eingegrenzt werden:

- **Was? (Sustainability)**,
- **Wo? (Supply Chain)**,
- **Wer? (Stakeholder)**.

2. Sustainability (Was?)

Sowohl international als auch in Deutschland zeigt sich eine verstärkte Diskussion um die gesellschaftliche Verantwortung von Unternehmen (HARDTKE/KLEINFELD, 2010). Das übergeordnete Stichwort in dieser Debatte lautet Nachhaltigkeit. Während sich diese Diskussion anfangs noch auf bestimmte Branchen beschränkte, z.B. Automobilindustrie oder chemische Industrie, findet sich heutzutage die Verwendung des Terminus „Nachhaltigkeit" flächendeckend in der gesamten Wirtschaft. Auch in der Agrar- und Ernährungsbranche ist Nachhaltigkeit in den letzten Jahren zu einem entscheidenden sprachlichen Trend in der Unternehmenskommunikation geworden. Schlagwörter wie Carbon Foot Print, Animal Welfare, Arbeitnehmerrechte, BSCI, Biodiversität, Greenwashing oder Corporate Citizenship bestimmen die gegenwärtige Diskussion (Abbildung 3).

Abbildung 3 Inhalte der Nachhaltigkeitsdiskussion

Die prognostizierten Wachstumspotenziale sind enorm – nicht zuletzt durch die inhaltliche Ausgestaltung des Wortes Nachhaltigkeit. Auf den ersten Blick bringt die Nachhaltigkeitsdiskussion somit einen gewissen Charme mit sich. Denn die offensichtliche Vielfältigkeit des Themenfeldes eröffnet den Beteiligten nicht nur ein neues, sondern auch ein sehr weites und spannendes Tätigkeitsfeld. Gleichwohl führt die inflationäre Nutzung des Begriffes dazu, dass Nachhaltigkeit bisweilen „für alles und nichts" steht. Vor diesem Problem ist auch die Agrar- und Ernährungsbranche nicht gefeit:

- Was bedeutet Nachhaltigkeit für den Agrar- und Lebensmittelsektor?
- Welche Chancen und Risiken ergeben sich daraus?
- An was können, sollten oder müssen sich die Akteure schließlich halten – unter Berücksichtigung der Regeln und Normen von Institutionen?
- Und welche Implikationen ergeben sich hieraus für das Management der entsprechend formulierten Ziele, Strategien und Maßnahmen?

Dies sind nur einige Fragestellungen, die bei der Frage nach dem „Was" von Bedeutung sind.

Oftmals ist die Zielsetzung des nachhaltigen Handelns, sowohl inner- als auch außerhalb des Unternehmens unklar bzw. nicht eindeutig definiert. Nachhaltigkeit als „Reise" zu verstehen ist der richtige Ansatz, ganz im Sinne eines kontinuierlichen Verbesserungsprozesses. Aber nur zu argumentieren, der „Weg ist das Ziel" ist sicherlich bisweilen zu kurz gedacht. Man „betreibt" zwar Nachhaltigkeit, kann aber kaum von einem ganzheitlichen Nachhaltigkeitsmanagement sprechen.

Wenn jedoch aus Unternehmenssicht das komplexe Feld der Nachhaltigkeitsdiskussion vielfältige Interpretationsspielräume erlaubt und bisweilen eine klare Zielsetzung vermissen lässt, ist die Verwirrung auf der Verbraucherseite nicht verwunderlich. Als Resultat wird seitens der Verbraucher die Vielschichtigkeit des Themas meist nicht in Gänze erfasst. Häufig ist eine Reduktion subsumierter Inhalte auf ökologische Aspekte zu beobachten, so werden z.B. die Begriffe Nachhaltigkeit und biologischer Anbau gleichgesetzt, obschon ersterer inhaltlich weit über letzteren hinausgeht (UNTERBUSCH, 2011: 207). Fragt man nach den direkten Assoziationen treten die ökonomischen Parameter in der Nachhaltigkeitsdiskussion meist in den Hintergrund. Zwar rücken soziale Kriterien inzwischen stärker in den Fokus, aber gleichwohl zeigt sich die Dominanz der ökologischen Dimension:

rund 70 % der Verbraucher assoziieren mit dem Nachhaltigkeitsbegriff umweltfreundliches Handeln und ökologische Verantwortung (vgl. Abbildung 4).

Abbildung 4 Verbraucherassoziationen mit dem Begriff „Nachhaltigkeit"

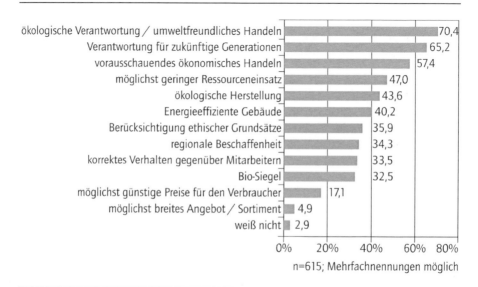

Quelle: IfH/IBH, 2010

In der Agrar- und Ernährungsbranche wird Nachhaltigkeit in zunehmendem Maße als differenzierender Aspekt zur strategischen Ausrichtung eines Unternehmens angesehen. Strategien sind dabei Mittel zum Zweck der Zielerreichung. Betrachtet man Ziele als Endpunkt, sind Strategien der maßnahmenspezifische Weg dorthin. Aber wie sollen wirksame Maßnahmen zur Umsetzung einer Strategie abgeleitet werden, wenn die Zielsetzung unklar ist? Hinzu kommt, dass zu einer schrittweisen Umsetzung, neben der transparenten und glaubwürdigen Kommunikation der Aktivitäten, auch die Durchführung einer Zielerreichungs- und Wirkungskontrolle gehört, um die

Der Triple S-Ansatz 19

Effektivität und Effizienz der Maßnahmen zu erhöhen bzw. diese ggf. anzupassen. Aber woran misst sich der Zielerreichungsgrad, wenn die Zielsetzung unklar ist?
Ziele bestimmen unternehmerisches Handeln. Gleichzeitig dienen sie als Filtergrößen für die auf den Märkten identifizierten Probleme. Demgegenüber gestellt werden die eigenen Potenziale und Ressourcen und bestimmen damit den eigenen Handlungsspielraum. Es ist daher unerlässlich die Nachhaltigkeitsaktivitäten mit allen Managementprozessen zu verknüpfen und basierend auf den strategischen Zielen konsequent umzusetzen.

3. Supply Chain (Wo?)

Ist die zentrale Frage des „Was" geklärt, steht bei der Betrachtung der Supply Chain (Wo?) das System „Wertschöpfungskette" im Mittelpunkt. Eigene Auswirkungen nachhaltigen Wirtschaftens – und die von Dritten – finden sich entlang der gesamten Value Chain wieder. Die eigene Standortbestimmung in der Wertschöpfung zeigt auf, wo sich die bestmöglichen Ansatzpunkte für die Beeinflussung von Lieferanten-/Abnehmerbeziehungen ergeben. Die in Abbildung 5 exemplarisch skizzierten Themenfelder zeigen gleichfalls, dass bei allen eigenen geplanten bzw. umzusetzenden Maßnahmen die vor- und nachgelagerten Stufen mit in die Überlegungen einbezogen werden sollten. Anderenfalls droht eine Aktivität durch das Handeln anderer Marktpartner unter Umständen konterkariert zu werden, z.B. wenn Lieferanten oder Abnehmer ein anderes (sowohl niedrigeres als auch höheres Maß) an sozialem Verständnis gegenüber ihren Arbeitnehmern aufbringen.

Abbildung 5   Auswirkungen nachhaltigen Wirtschaftens

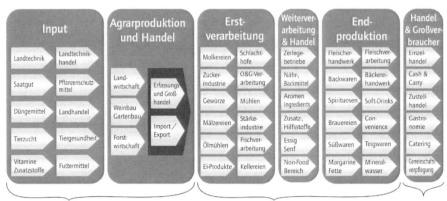

Sustainable Supply Chain Management soll der Transparenz sowie einer integrierten und ganzheitlichen Sichtweise dienen. Denn nur ein transparentes Vorgehen, passgenau zur eigenen Zielsetzung, der Unternehmensführung und -kultur sowie zum eigenen Leistungsportfolio wird zum Erfolg führen. Gleichwohl gilt es im Rahmen einer umfassenden Betrachtung neben den vielfältigen Chancen und Themenfeldern, auch die Risiken im Themenfeld der Nachhaltigkeit zu berücksichtigen (vgl. Beitrag von WEBER in diesem Tagungsband)

Bei der Beschaffung ergeben sich bspw. aus der heutigen Verpflichtung (z.B. Mindestpreise im Fair Trade Handel, die unabhängig von den Preisschwankungen auf den Märkten zu bezahlen sind) in der Zukunft mitunter gewisse Kostenrisiken. Was passiert, wenn der Verbraucher am PoS – trotz aller Umfragen – nicht bereit ist, für nachhaltig produzierter Lebensmittel einen Aufschlag zu zahlen? In den Diskussionen um die Berücksichtigung von nachhaltigkeitsrelevanten Kriterien in Beschaffung und Produktion wird zudem die Frage nach der Bewertbarkeit gestellt. Welche Kriterien werden angelegt, ist die Validität gewährleistet, wer vergibt entsprechende Standards, können Unternehmen A und B wirklich miteinander verglichen werden, etc.? Wie sehen soziale Standards im Unternehmen sowie bei Lieferanten vor Ort aus? Hinsichtlich der ökologisch „korrekten" Beschaffung ergeben sich z.B. Diskussionen um die verwendeten Rohwaren – besitzt die Frucht aus heimischen Anbau, die aus Übersee oder der Bezug von Fruchtsaftkonzentrat die beste Ökobilanz? Ebenso wird vielerorts über die Ökobilanzen von Verpackungen gestritten. Nicht zu vernachlässigen ist auch die Frage, ob das nachhaltige Engagement von Unternehmen nicht geradezu ein Selbstverständnis im Sinne eines ehrbaren Kaufmanns darstellt und CSR „nur" kommuniziert wird. Der Gewinnung potenzieller neuer Zielgruppen steht dabei immer auch die Frage nach der Empfänglichkeit der „alten" Zielgruppe gegenüber und die Gefahr der Verletzung einer Markenkonstanz und damit -verwässerung.

Es wird deutlich, dass sich Supply Chain Management – nicht nur in Bezug auf nachhaltige Aspekte – grundsätzlich über die Grenzen des eigenen Betriebes erstreckt. Letztlich konkurrieren nicht mehr Einzelunternehmen, sondern vernetzte Lieferketten miteinander. Die besonderen Eigenschaften der „Wertschöpfungskette" ergeben sich dabei aus dem spezifischen dynamischen Zusammenwirken der Lieferkettenglieder. Möchte man eine nachhaltige Entwicklung in überbetrieblichen Systemen effektiv umzusetzen, bedarf es daher der Koordination der Supply Chain.

4. Stakeholder (Wer?)

Abschließend soll der Blick auf das dritte „S", die Stakeholder bzw. Anspruchsgruppen im Umfeld des Unternehmens gerichtet werden. Märkte sind „mehr" als ein einfaches Wettbewerbsdreieck, bestehend aus (1) Anbieter, (2) Nachfrager und (3) Konkurrent. Marktbeziehungen entsprechen vielmehr einem Marktparallelogramm und müssen um die Gruppe der Stakeholder erweitert werden.

Nachdem das gesellschafts- und wirtschaftspolitische Leitbild der Nachhaltigkeit zunehmend Einzug in die politische Diskussion, die wissenschaftliche Forschung sowie in die wirtschaftliche Praxis gehalten hat, wurde als Folge das von FRIEDMAN (1970) gepriesene Credo „The social responsibility of business is to increase its profits" seit Ende der 1990er Jahre zwar nicht gänzlich verworfen, aber durch die verstärkte gesellschaftliche Ausrichtung von Unternehmen neu aufgeladen. Der reine Shareholder-Ansatz rückte in den Hintergrund, die Stakeholder-Perspektive dagegen in den Fokus.

Im engeren Sinne betrachtet das Stakeholder-Management alle Akteure, die zum langfristigen Unternehmenserfolg beitragen. Man unterscheidet dabei zwischen internen und externen Stakeholder eines Unternehmens (vgl. Beitrag von FRIEDRICH/THEUVSEN in diesem Tagungsband). Die Ansprüche verschiedener Stakeholder nehmen Einfluss auf die Zielsetzungen für ein nachhaltiges Management (vgl. Abbildung 6) bzw. stellen gleichzeitig eine Filtergröße für den eigenen Handlungsspielraum dar.

Stakeholder mit ihren Ansprüchen sollten stets den Ausgangspunkt unternehmerischen Handelns darstellen, wobei Anspruchsänderungen seitens einer oder mehrerer Anspruchsgruppen Auswirkungen auf das Unternehmen haben können. Das verspätete Auseinandersetzen mit relevanten Stakeholdern kann dabei eine strukturierte und umsetzungsorientierte Entwicklung eines nachhaltigen Konzeptes behindern. Nicht zuletzt musste dies Nestlé beim öffentlich diskutierten Vorwurf der Verwendung von Palmöl aus nicht nachhaltiger Produktion schmerzlich erfahren (LEBENSMITTEL ZEITUNG, 2010).

Insbesondere ist ein oftmals zu kurzer Planungshorizont der Entscheider, das Fehlen von Kompetenzen hinsichtlich einer strukturierten und umsetzungsorientierten Entwicklung eines nachhaltigen Konzeptes und das verspätete Auseinandersetzen bzw. ein mangelndes Gespür für kritische Akteure und deren Gesetzmäßigkeiten die Ursache für das Entstehen von Widerstandsmärkten seitens der Konsumenten bzw. anderer Anspruchsgruppen (WILLERS/KULIK, 2011: 171). Stakeholder Relationship Management versucht genau diese Beziehungen zu den wichtigsten Stakeholdern in Einklang zu bringen – sowohl als Instrument zur Identifizierung von neuen Themen als auch zur frühzeitigen Risikominimierung.

Abbildung 6 Zielsetzungen für ein nachhaltiges Management

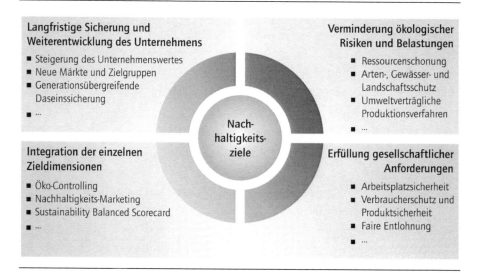

5. Fazit

Nachhaltigkeit ist nicht „nur" als neue moralische Instanz aufzufassen, sondern aufgrund eines geänderten Anspruchskonstruktes unserer Gesellschaft ist auch ein Wandel im Denken zu beobachten. Nachhaltigkeit ist in der Gegenwart angekommen und hat sich von einer ursprünglich „grünen Idee" zu einem klaren Managementthema entwickelt.

Es muss somit nicht mehr über den Sinn oder Unsinn von Nachhaltigkeitsbemühungen diskutiert werden, sondern vielmehr darüber, wie nun eine in der Praxis effektive und effiziente Umsetzung aussehen kann. Der zukünftige Erfolg in marktwirtschaftlich organisierten Systemen ist daher untrennbar mit der Berücksichtigung des „Triple-S" verbunden.

Das zentrale Ziel aus Unternehmenssicht sollte dabei die Gewinnung von Vertrauen beim Kunden und Verbraucher sein. Kurzfristig gilt es, ein gemeinsames Verständnis zwischen allen Geschäftspartnern – unter Berücksichtigung der relevanten Stakeholder – zu schaffen (ausgehend von einem internen Leitbild). Im nächsten Schritt müssen Angebote für nachhaltige Massenmärkte entwickelt werden (mit geringen Eintrittsbarrieren). Der Kunde muss so sehr begeistert werden, dass er auch in Zukunft bereit ist, für Nachhaltigkeit (mehr) zu zahlen. Das führt allerdings langfristig dazu, dass Nachhaltigkeit zwar ein „Muss" darstellt, aber das Maß an Differenzierung deutlich abnimmt. Nur über Innovationen lässt sich eine neue Generation der Nachhaltigkeit entwickeln, die für die Marktakteure einen zusätzlichen Mehrwert bringt.

Unternehmen müssen bei der Planung und Umsetzung lernen, mit widersprüchlichen Managementrationalitäten umzugehen. Denn die Rücksicht auf zukünftige Ressourcenströme kostet heute Zeit, Geld und Aufmerksamkeit und reduziert die jetzigen Gewinne. Zudem sind Konflikte zwischen Wirtschafts-, Umwelt- und Sozialverträglichkeit dabei nicht ausgeschlossen. Nachhaltiges Management erfordert daher, dass die ökonomische Effizienz mit den Wertschöpfungspotenzialen eines sozial-ökologischen Handelns in Einklang gebracht wird. Eine Gleichsetzung von Nachhaltigkeit in der Agrar- und Ernährungswirtschaft mit „Ökowirtschaft" ist dabei deutlich zu kurz gedacht und wird dem Konzept der Nachhaltigkeit nicht gerecht.

Literatur

[1] BOSSHART, D. (2011): Diffuse Gefühle. In: Lebensmittel Zeitung, 15.04.2011.

[2] FRIEDMAN, M. (1970): The Social Responsibility of Business is to Increase its Profits, in: The New York Times Magazine, 13. Sept. 1970.

[3] HARDTKE, A./KLEINFELD, A. (2010): Gesellschaftliche Verantwortung von Unternehmen. Von der Idee der Corporate Social Responsibility zur erfolgreichen Umsetzung, Wiesbaden.

[4] IFH INSTITUT FÜR HANDELSFORSCHUNG GMBH/IBH RETAIL CONSULTANTS GMBH (2010): Nachhaltigkeit im Handel, Köln.

[5] LEBENSMITTEL ZEITUNG (2010): Nestlé Kontroverse um Palmöl, in: http://www.lebensmittelzeitung.net/news/markt/protected/Nestl_Kontroverse_um_Palmoel_79106.html am 24.03.2010.

[6] LEVINE, R./LOCKE, C./SEARLS, D./WEINBERG, D. (2000): Das Cluetrain Manifest. 95 Thesen für die neue Unternehmenskultur im digitalen Zeitalter, München.

[7] LÖFFLER, R./WITTERN, H. (2010): Markenwahrnehmung und Markendifferenzierung im Zeitalter des Web 2.0. In: Völckner, F./Willers, C./Weber, T. (Hrsg.): Markendifferenzierung – Innovative Konzepte zur erfolgreichen Markenprofilierung, Frankfurt/Main: 359-375.

[8] UNTERBUSCH, B. (2011): Nachhaltigkeit in der Markenführung: Implikationen für National Brand, Private Label und Retail Brand. In: Fröhlich, E./Weber, T./Willers, C. (Hrsg.): Nachhaltigkeit in der unternehmerischen Supply Chain, Köln: 206-223.

[9] WEBER, M. (2008): Corporate Social Responsibility: Konzeptionelle Gemeinsamkeiten und Unterschiede zur Nachhaltigkeits- und Corporate-Citizenship-Diskussion. In: Müller, M./Schaltegger, S. (Hrsg.): Corporate Social Responsibility. Trend oder Modeerscheinung, München: 39-51.

[10] Willers, C./Kulik, A. (2011): Widerstandsmärkte als Bedrohung für ein nachhaltiges Handeln. In: Fröhlich, E./Weber, T./Willers, C. (Hrsg.): Nachhaltigkeit in der unternehmerischen Supply Chain, Köln: 161-185.

Teil 2
Sustainability

Sustainability, Corporate Social Responsibility und Corporate Citizenship – ein Abgrenzungsversuch im Begriffswirrwarr

Prof. Dr. Matthias S. Fifka (Cologne Business School)

1. Einleitung

Begriffe wie „Sustainability" bzw. „Nachhaltigkeit", „Corporate Social Responsibility" oder „Corporate Citizenship" haben gegenwärtig in Deutschland Hochkonjunktur. Gerne und oft werden sie von Unternehmen in den unterschiedlichsten Kontexten herangezogen, was zu einem inflationären und vor allem undifferenzierten Gebrauch geführt hat. Nicht zu Unrecht kommentiert PETER ULRICH deshalb: „Wir leben in einer Zeit, in der die Strategen der ‚Öffentlichkeitsarbeit' Begriffe fast nach Belieben verwenden […]. Wie die Farben in der Mode werden dann die Worthülsen ausgetauscht, etwa als Überschriften mehr oder weniger einschlägiger Abschnitte in Geschäftsberichten, in denen es irgendwie darum geht, was das Unternehmen mit oder neben seinem geschäftlichen Erfolgsstreben für die Gesellschaft an Gutem tut. War da vorletztes Jahr vielleicht von *Sustainability* und letztes Jahr von *Corporate Social Responsibility (CSR)* die Rede, so diesmal für mehr oder weniger dieselben Inhalte eben von *Corporate Citizenship* oder umgekehrt" (2008: 94).

Diese Bemerkung ULRICHS lässt sich auch empirisch verifizieren. Betrachtet man die Berichte, die die 100 größten deutschen Unternehmen zur Dokumentation ihres Engagements herausgeben, so ist die angesprochene Begriffsvielfalt problemlos wiederzufinden. Zunächst ist bemerkenswert, dass 24 % der Unternehmen, die einen solchen *non-financial report* veröffentlichen,[1] dafür einen englischsprachigen Titel heranziehen. Die am häufigsten eingesetzten Termini sind „Corporate Responsibility", „Sustainability" und „Corporate Social Responsibility". Unter den Berichten mit deutschem Titel ist der „Nachhaltigkeitsbericht" (75 %) dominierend, gefolgt von Berichten, die auf eine unternehmerische Verantwortung im Titel verweisen (22 %). Nur noch 1 % der Unternehmen veröffentlicht einen klassischen „Umweltbericht". Die verbleibenden 2 % sind diesen Kategorien nicht zuzuordnen und tragen andere Titel (FIFKA, 2011: 233).

Dass es zu einer besonderen Aufmerksamkeit für diese Begrifflichkeiten gekommen ist, kann jedoch keineswegs auf den Erfindungsreichtum von Marketing-Strategen zurückgeführt werden, sondern auf veränderte sozioökonomische Rahmenbedingungen, die aus dem Ende des Kalten Krieges resultierten. Hier sind vier zentrale Entwicklungen zu nennen. Erstens gewannen multinationale Unternehmen (MNU) in den 90er Jahren erheblich an Bedeutung, weil sie von der Öffnung neuer Märkte, vor allem in Osteuropa, aber auch in Asien, profitierten und zunehmend „unabhängiger von ihren angestammten Produktionsstandorten" (SCHRADER, 2003: 77) wurden. Bedingt durch neue Absatzmärkte und günstige Produktionsstandorte erlebte das Phänomen „MNU" in der letzten Dekade des alten Jahrtausends deshalb ein nahezu sagenhaftes Wachstum. Während zu Beginn der 90er Jahre nur etwa 7.000 MNU existierten, waren es zum Ende des Jahrzehnts bereits 65.000 (KOOPMANN/FRANZMEYER, 2003). Neben ihrer Zahl wuchs jedoch auch ihre Größe. Im Jahr 2000 befanden sich – gemessen am Umsatz bzw. dem Bruttoinlandsprodukt – bereits mehr Unternehmen als Volkswirtschaften unter den 100 größten Wirtschaftseinheiten weltweit, wobei das Wachstum der MNU überproportional schnell verlief. Während die globale Wirtschaftsleistung zwischen 1985 und 1999 „lediglich" um das Doppelte stieg, wuchs der Umsatz der 200 größten

---

1 Die Unternehmen, die auf den Bericht einer Muttergesellschaft verweisen, sind hier nicht berücksichtigt, da es sich in den meisten Fällen um amerikanische Muttergesellschaften handelte, die ihre Berichte dementsprechend auf Englisch veröffentlichen.

MNU im gleichen Zeitraum um über 320 % (ANDERSON/CAVANAGH, 2000).

Zweitens ist für die Zeit nach dem Kalten Krieg ein Bedeutungsverlust von Nationalstaaten zu konstatieren (vgl. STEINMANN/SCHERER, 2000), der nicht nur auf das veränderte sicherheitspolitische Gefüge zurückzuführen ist. Aufgrund der Öffnung vieler Staaten in Osteuropa und Asien entwickelte sich ein intensiver Wettbewerb um Investitionen von Unternehmen, die mit der Aussicht auf Deregulierung und niedrige Steuern angelockt werden sollten. Dadurch allerdings erlangten MNU ein gewisses „Drohpotenzial" gegenüber ihren traditionellen Standorten, wo sie die Politik mit Szenarien der Arbeitsplatzverlagerung und der steuerlichen Abwanderung unter Druck setzen konnten. Dies engte den regulativen Handlungsspielraum für westliche Industriestaaten weiter ein, die sich aufgrund der demographischen Entwicklung und der damit einhergehenden Be- bzw. Überlastung ihrer Sozialsysteme ohnehin schon in einer fiskalisch schwierigen Situation befanden (HALFMANN, 2008; HABISCH, 2008). Somit sah sich die Politik dem Dilemma gegenüber, dass auf der einen Seite ein steigender Anteil des Budgets in feststehende soziale Bereiche und den Schuldendienst floss, auf der anderen Seite aber weitere Einkommens- und Arbeitsplatzverluste durch die Abwanderung von Unternehmen zu befürchten waren.

Drittens erstaunt es nicht, dass diese Entwicklungen zu einem profunden Misstrauen der Bevölkerung gegenüber MNU führten, die sich scheinbar problemlos ihrer sozialen Verantwortung entziehen konnten. So äußerten im Rahmen einer weltweiten Umfrage von GLOBESCAN (2001) nur 10 % der 14.000 befragten Menschen, Vertrauen in multinationale Unternehmen zu haben. 51 % der Befragten waren sogar der Überzeugung, multinationale Unternehmen würden grundsätzlich nicht im Interesse der Gesellschaft handeln. Diese Auffassung war dabei keineswegs nur in Entwicklungsländern als möglichen „Verlierern" der Globalisierung anzutreffen. In einer internationalen Umfrage des PEW RESEARCH INSTITUTE (2002) gaben bspw. 55 % der Amerikaner und sogar 80 % der Deutschen an, ihre Arbeitsplatz- und Einkommenssituation sei im Zuge der weltwirtschaftlichen Entwicklungen schlechter geworden.

Dieses Misstrauen wiederum beförderte – viertens – die Entstehung und das Wachstum von Nichtregierungsorganisationen (NGO). In den 90er Jahren kam es zu einer wahren Gründungswelle von NGO, weshalb WIELAND bereits für das Jahr 2002 von ca. 20.000 NGO weltweit ausging. Sie setzten sich zum Ziel, aufgrund der entweder als hilflos oder als unternehmensfreundlich wahrgenommenen Haltung der Politik selbst ein Gegengewicht zu den MNU zu bilden. Dabei kommen NGO drei zentrale Vorteile zugute, über die Staaten eben nicht verfügen. Sie unterliegen, ebenso wie Unternehmen, nicht dem Territorialprinzip und genießen somit „grundsätzlich die Freiheit, an unterschiedlichen Orten der Welt aktiv zu werden" (SCHRADER, 2003: 76). Auch sie profitieren, was nicht ohne Ironie ist, damit von der Globalisierung, obwohl sie diese häufig kritisieren. Darüber hinaus genießen sie gegenüber den Unternehmen einen Wahrnehmungsvorteil, nachdem im Falle einer Konfrontation die Unternehmen die „Bösewichte" darstellen, „weil sie als groß, reich und gewissenlos gelten" (GAZDAR/KIRCHHOFF, 2004: 13). Schließlich sind NGO, anders als Staaten, nicht von Unternehmen als Arbeitgeber und Steuerzahler abhängig und verfügen deshalb über verschiedene Sanktionsmöglichkeiten, z.B. Boykottaufrufe oder „mit den Methoden des investigativen Journalismus" (EBENDA) verfasste Berichte, die Fehlverhalten publik machen sollen.

Bedingt durch diese Entwicklungen und des „Ineinandergreifen[s] von Produktion und Konsumption auf einem hohen Aufmerksamkeits- und Anspruchsniveau der Bevölkerung" (HEIDBRINK, 2008: 4) ist es zu einem „Entgrenzungsprozess" gekommen, der zu einer immer stärkeren Verflechtung von Unternehmen und Gesellschaft geführt hat (MUTZ/KORFMACHER, 2003: 56). Unternehmen sehen sich deshalb seit den 90er Jahren zunehmend mit der Forderung konfrontiert, die wirtschaftlichen, ökologischen und sozialen Interessen ihrer Umwelt stärker als vorher zu berücksichtigen. Dass die Begriffe „Sustainability" bzw. „Nachhaltigkeit", „Corporate Social Responsibility" und „Corporate Citizenship" somit eine vermehrte Aufmerksamkeit erfahren haben, verwundert also nicht, obschon sie alle bereits vor den 90er Jahren entstanden waren.

Wie eingangs erwähnt, werden sie vor allem in der Praxis, aber auch in der Wissenschaft, sehr undifferenziert, unreflektiert und häufig auch synonym gebraucht. Ziel des Beitrags ist es deshalb, die einzelnen Begriffe zu analysieren und zu präzisieren, um abschließend darüber zu reflektieren, ob eine Unterscheidung zwischen ihnen sinnvoll ist. Dabei wird zunächst der Terminus „Nachhaltigkeit" betrachtet, da er der älteste ist, ehe die Begriffe „Corporate Social Responsibility" und „Corporate Citizenship" beleuchtet werden.

2. Die Begriffe in der Analyse

2.1. Nachhaltigkeit/Sustainability

Der Begriff der Nachhaltigkeit entstammt der deutschen Forstwirtschaft des 18. Jahrhunderts. Bereits 1713 forderte HANS CARL VON CARLOWITZ in seinem grundlegenden Werk *Sylvicultura Oeconomica* eine „continuierliche beständige und nachhaltende Nutzung des Holtzes […], weiln es eine unentberliche Sache ist, ohne welche das Land in seinem Esse [Wesen, meine Anmerkung] nicht bleiben mag" (zitiert nach SCHULER, 2000: 498; im Original: 105). 1795 präzisierte GEORG LUDWIG HARTIG dann das Konzept der Nachhaltigkeit, ohne den Begriff zu verwenden, und verwies darauf, dass dem Wald nur soviel Holz entnommen werden dürfe, wie nachwachsen kann.

Es ist bemerkenswert, wie nahe dieses frühe Begriffsverständnis HARTIGS in seiner Zukunftsorientierung – wenngleich es sich nur auf die Forstwirtschaft bezog – an der vielleicht bis heute gebräuchlichsten Definition von „Nachhaltigkeit" liegt, die 1987 von der *World Commission on Environment and Development* der Vereinten Nationen (nach ihrer Vorsitzenden GRO HARLEM BRUNDTLAND auch als „Brundlandt Kommission" bekannt) formuliert wurde: „Sustainable development is the development that meets the needs of the present without compromising the ability of future generations to meet their own needs." Weiter präzisierte die Kommission: „The concept of sustainable development does imply limits – not absolute limits but limitations imposed by the present state of technology and social organization on environmental resources and by the ability of the biosphere to absorb the effects of human activities. But technology and social organization can be both managed and improved to make way for a new era of economic growth." In der Folge wurde der Begriff Sustainability allerdings häufig nur auf die „environmental resources", also die ökologische Dimension, bezogen, während die wirtschaftliche und soziale Dimension, die ebenfalls in der Definition zum Ausdruck kommen, ausgeklammert wurden. Dementsprechend bemerkte der SACHVERSTÄNDIGENRAT FÜR UMWELTFRAGEN (2008: 56) in seinem Umweltgutachten aus dem Jahr 1998, dass die „ursprüngliche Diskussion über nachhaltige Entwicklung Anfang der 1990er-Jahre durch rein ökologisch ausgerichtete Umweltpläne bestimmt [war]".

Nur sehr zögerlich setzt sich das Verständnis durch, dass Nachhaltigkeit eben auch eine soziale und wirtschaftliche Dimension hat, obwohl dies bereits 1987 von der Brundlandt-Kommission unzweideutig formuliert und später von JOHN ELKINGTON in seinem bekannten Werk *Cannibals with Forks: The Triple Bottom Line of 21st Century Business* präzisiert wurde. Wie der Begriff der Triple Bottom Line suggeriert, geht es dabei um die Verfolgung dreier miteinander verbundener Ziele: wirtschaftliche Prosperität, ökologische Qualität und soziale Gerechtigkeit, die gelegentlich auch mit der Formel „people, planet, profit" umschrieben werden. Die Triple Bottom Line ist dabei eine Anspielung auf den Strich unter einer Bilanz, unter dem das entscheidende Ergebnis aufgeführt wird. Es geht hier also um eine dreifache Bilanz, die Auskunft gibt über die ökologischen, sozialen und wirtschaftlichen Ergebnisse der Geschäftstätigkeit. Damit ist implizit auch die Aufforderung an Unternehmen verbunden, nicht nur klassische Finanzberichterstattung vorzunehmen, sondern diese auf ökologische und soziale Größen auszudehnen.

Grundsätzlich beinhaltet die ökologische Dimension die Forderung nach einer Lebens- oder Wirtschaftsweise, die natürliche Ressourcen nur in einem Maß beansprucht, das eine Regeneration dieser Ressourcen gestattet. Die soziale Nachhaltigkeit wiederum ist in sich ein mehrdimensionales Konstrukt. Einerseits besitzt sie eine geographische Komponente, die eine höhere Verteilungsgerechtigkeit in globaler Perspektive – also vor allem zugunsten der Dritte-Welt-Staaten – fordert. Andererseits beinhaltet sie eine temporale Komponente, welche wiederum sowohl eine intergenerative Gerechtigkeit (im Brundlandt-Bericht mit „the ability of future generations to meet their own needs" beschrieben) als auch eine intragenerative Gerechtigkeit (im Brundlandt-Bericht mit „the needs of the present generations" bezeichnet) umfasst. Die wirtschaftliche Nachhaltigkeit schließlich beschreibt eine Wirtschaftsweise, die so angelegt ist, dass sie dauerhaft betrieben werden kann. Für ein Unternehmen bedeutet dies ein wirtschaftliches Handeln, das zumindest kostendeckend ist und das Bestehen am Markt sichert. Allerdings hat sich das Verständnis durchgesetzt, dass die wirtschaftliche Dimension für ein Unternehmen eine Gewinnerzielungsabsicht impliziert, da das Erzielen von Gewinn in der Natur von Unternehmen im marktwirtschaftlichen System liegt.

Im deutschsprachigen Raum wird dieses Konzept häufig als „Drei-Säulen-Modell" oder als „magisches Dreieck" der Nachhaltigkeit bezeichnet, wobei letzterer Begriff – wenn auch unfreiwillig – die Schwierigkeit andeutet, alle drei Dimensionen miteinander in Einklang zu bringen. Dabei stellt sich die Frage, welche der drei Dimensionen in welchem Maße verfolgt werden sollte und wie eine Balance zwischen ihnen auszusehen hat bzw. wann diese erreicht ist. Die Idee der Verteilungsgerechtigkeit bleibt ebenso schwierig zu operationalisieren, weil Maßstäbe fehlen oder der individuellen Einschätzung unterliegen. Verzichtet ein Unternehmen bspw. auf Dividendenzahlungen, um mehr Sozialleistungen für Mitarbeiter zur Verfügung stellen zu können, so findet eine Redistribution von den Aktionären hin zu den Mitarbeitern statt. Wer aber will oder sollte beurteilen, ob diese gerecht ist bzw. wann eine gerechte Verteilung erreicht ist? Betrachtet man solche Szenarien auf globaler Ebene, so wird eine kaum zu lösende Komplexität erreicht.

Letztendlich ist es auch diese Komplexität, die den Begriff der Nachhaltigkeit abstrakt und unklar bleiben lässt. Das wiederum hat dazu geführt, dass er zum einen sehr unterschiedlich interpretiert und zum anderen so gedeutet werden kann, so dass er als „Gummibegriff" für jedwedes Handeln gebraucht bzw. missbraucht wird. Nichtsdestotrotz wäre es falsch, ihm deshalb eine Wertlosigkeit zuzuschreiben, denn das Konzept der Nachhaltigkeit kann nicht nur das Bewusstsein von Unternehmen für soziale und ökologische Probleme fördern, was wiederum die Basis für die proaktive Suche nach Lösungsmöglichkeiten darstellt. Es kann auch als Wegbereiter für mehr Transparenz gesehen werden, da es den Druck auf Unternehmen, die sozialen und ökologischen Auswirkungen ihres Handelns zu messen und zu veröffentlichen, verstärkt. Die Messbarkeit ist dabei ein ganz entscheidendes Element, denn nur so wird Nachhaltigkeit zu einem operationalisierbaren Konzept, das in seiner Wirkung – auch für die Unternehmen selbst – beurteilt werden kann. Messbarkeit und Transparenz wiederum schaffen die Möglichkeit, Unternehmen hinsichtlich ihrer Bemühungen und Ergebnisse zu vergleichen. Ausgehend von der Annahme, dass sowohl die Konsumenten als auch die breitere Öffentlichkeit diese Anstrengungen honorieren, fördert das den Wettbewerb um eine nachhaltigere Leistung, was im gesamtgesellschaftlichen Interesse ist.

Beispielhaft kann in diesem Kontext die Global Reporting Initiative (GRI) genannt werden, die in einem partizipativen Verfahren, an dem Unternehmen und ihre Stakeholder teilnehmen, Richtlinien entwickelt, wie Nachhaltigkeitsberichte gestaltet werden können. Die Richtlinien beinhalten Kennzahlen, welche die Messung von Nachhaltigkeit ermöglichen und dem Leser erlauben, Unternehmen auf quantitativer Ebene zu vergleichen. Die aktuelle Richtlinie aus dem Jahr 2006 enthält insgesamt 121 Indikatoren aus unterschiedlichen Bereichen. In welch hohem Maße dieser Rahmen von internationalen Unternehmen angenommen wird, zeigt eine Studie von KPMG aus dem Jahr 2008. Sie ergab, dass 77 % der 250 größten

Unternehmen weltweit und 69 % der je 100 größten Unternehmen aus 22 Ländern für die Gestaltung ihrer Nachhaltigkeitsberichte auf die Standards der GRI zurückgreifen.

Allerdings werden aus wirtschaftsethischer Perspektive Bedenken gegen eine Operationalisierung von Nachhaltigkeit geäußert. Vielmehr wird hier der Wert des Konzeptes darin gesehen, dass es als regulative Idee danach fragt, unter welchen Bedingungen Unternehmen bereit sind, in gesellschaftliche Güter langfristig zu investieren. Damit wird grundsätzlich die gesellschaftliche Verantwortung von Unternehmen thematisiert, was unweigerlich zu Überschneidungen mit dem Begriff der Corporate Social Responsibility führt.

2.2. Corporate Social Responsibility

Wie schwer eine Abgrenzung der Begriffe Nachhaltigkeit und Corporate Social Responsibility (CSR) ist, soll eine praxisorientierte Definition des Begriffs zeigen, wie sie vom Unternehmensnetzwerk „Business for Social Responsibility" (2009) formuliert wurde: „CSR means **achieving commercial success** in ways that honor ethical values and **respect people, communities**, and the **natural environment** [meine Hervorhebungen]." Die hervorgehobenen Passagen repräsentieren exakt die drei Dimensionen, die oben als zentrale Bestandteile von Nachhaltigkeit identifiziert wurden. Es ist daher auch nicht verwunderlich, dass das Netzwerk heute den Begriff der Sustainability anstelle des CSR-Begriffs für sich gebraucht, da ersterer zunehmend an Popularität erfährt. Man kann also durchaus von gewissen „Begriffskonjunkturen" sprechen.

In der wissenschaftlichen Diskussion und im Gebrauch in der Unternehmenspraxis ist der Begriff der „Corporate Social Responsibility", wenn man von der forstwirtschaftlichen Diskussion absieht, deutlich älter als Sustainability. Bereits in den 1930er Jahren erörterten E. M. DODD (1932) und CHESTER BARNARD (1938) die gesellschaftliche Verantwortung der leitenden Angestellten in Großunternehmen, während von THEODORE

KREPS (1940) sogar ein frühes Konzept zur Messung des gesellschaftlichen Beitrags von Unternehmen entworfen wurde. Der Begriff „Social Responsibility" wurde erstmals explizit 1953 von HOWARD BOWEN in seinem bahnbrechenden Werk *Social Responsibilities of the Businessman* gebraucht, in dem er der zentralen Frage nachging, „[w]hat responsibilities to society may businessmen reasonably be expected to assume?" (XI). Seine Antwort auf diese Frage kann als erste, wenn auch unscharfe Definition von Social Responsibility gesehen werden: „It refers to the obligations of businessmen to pursue those policies, to make those decisions, or to follow those lines of action which are desirable in terms of the objectives and values of our society" (6). Seiner Auffassung nach definierte sich gesellschaftliche Verantwortung also in erster Linie über die Ziele und Werte der Gesellschaft, wobei BOWEN offen ließ, ob es sich dabei um freiwillige oder gesetzlich vorgegebene Pflichten handelte.

Auch der Begriff der (Corporate) Social Responsibility an sich lässt keine Rückschlüsse darüber zu, ob die entsprechenden Handlungen freiwilliger oder gesetzlicher Natur sein sollten, denn gesellschaftliche Verantwortung kann sowohl freiwillig als auch aufgrund von Gesetzen übernommen werden. In der wissenschaftlichen Diskussion gehen die Meinungen dazu auseinander. JOSEPH MCGUIRE, der 1963 eine erste präzisere Definition von Social Responsibility entwickelte, sah beide Dimensionen als relevant an: „The idea of social responsibilities supposes that the corporation has not only economic and legal obligations but also certain responsibilities to society which extend beyond these obligations" (144). Er identifizierte also eine ökonomische, rechtliche und eine freiwillige Verpflichtung gegenüber der Gesellschaft, wobei letztere nicht näher präzisiert wurde. Ab den 60er Jahren, die durch ein zunehmendes Misstrauen gegenüber Unternehmen geprägt waren, wurde die Übernahme gesellschaftlicher Verantwortung von zahlreichen Autoren als ethische Pflicht postuliert (DAVIS/ BLOMSTROM, 1966; WALTON, 1967). Auch DAVIS (1967) unterstrich diese Auffassung: „The substance of social responsibility arises from concern for the ethical consequences of one's acts as they might affect the interests of others" (46).

CARROLL (1979) verband später die ökonomische, rechtliche und ethische Komponente als Bestandteile von CSR in einer der bis heute meistzitierten Definitionen des Begriffs: „The social responsibility of business encompasses the economic, legal, ethical, and discretionary expectations that society has of organizations at a given point in time" (500). Die vierte Dimension, die „discretionary expectations that society has" erinnert an BOWENS (1953) Konzept von CSR als „the obligations of businessmen to [...] follow those lines of action which are desirable in terms of the objectives and values of our society" (6). Aufgrund der mangelnden Präzisierbarkeit dieser gesellschaftlichen Ziele und Erwartung modifizierte CARROLL seine Definition: „The CSR firm should strive to make a profit, obey the law, be ethical, and be a good corporate citizen" (1991: 43). Unter dem „Corporate Citizenship" wiederum verstand CARROLL philanthropische Verpflichtungen, also – im amerikanischen Begriffsverständnis – den Einsatz des eigenen Vermögens für wohltätige Zwecke.

Die Auffassung, CSR beinhalte eine gesetzliche Dimension, die für CARROLL neben der ökonomischen Verpflichtung grundlegend war, hat sich in den letzten Jahren dahingehend gewandelt, dass CSR zunehmend als rein freiwilliges Konzept verstanden wird, wie die Definition des Grünbuchs der Europäischen Kommission zeigt: „[CSR ist] ein Konzept, das den Unternehmen als Grundlage dient, auf freiwilliger Basis soziale Belange und Umweltbelange in ihre Unternehmenstätigkeit und in die Wechselbeziehungen mit den Stakeholdern zu integrieren" (KOMMISSION DER EUROPÄISCHEN GEMEINSCHAFTEN, 2001: 7). Auch um die moralische Komponente wurde CSR in der Vergangenheit immer stärker befreit, während ein pragmatischeres Begriffsverständnis in den Vordergrund rückt. Die moralische „Aufladung" des CSR-Begriffs war auch einer der maßgeblichen Gründe, warum sich Unternehmer in den 80er Jahren zunehmend von ihm lösten und von „Corporate Citizenship" (CC) sprachen, da dieser Terminus eben nicht nur Pflichten, sondern auch Rechte, über die ein Bürger verfügt, beinhaltet (FIFKA, 2009).

2.3. Corporate Citizenship

Betrachtet man das Verständnis des Unternehmens als Bürger näher, so stellt sich zunächst die grundsätzliche Frage, ob ein Unternehmen überhaupt Bürgerstatus für sich reklamieren kann. Zieht man zum Zwecke einer Antwort das Bürgerkonzept des Liberalismus heran, das den Bürger über (Schutz-)rechte definiert, die er gegenüber dem Staat inne hat (vgl. LOCKE, 1965; SCHUMPETER, 2005), so ist eine solche Auffassung kaum haltbar. Sie scheitert bereits am Fehlen des Wahlrechts als elementarem Bürgerrecht, über das ein Unternehmen eben nicht verfügt. Greift man hingegen auf ein republikanisches Konstrukt von Bürgerschaft zurück, das im aristotelischen Sinne die Partizipation des Bürgers und sein Bestreben, das Gemeinwohl zu fördern, in den Vordergrund stellt, so kann ein Unternehmen aufgrund seines gesellschaftlichen Engagements durchaus als Bürger verstanden werden (siehe hierzu FIFKA, 2011: 39f.).

Dieses ausgeübte Engagement liegt auch der Entstehung des Begriffs „Corporate Citizenship" in der Unternehmenspraxis zugrunde. WINDSOR bezeichnet CC deshalb treffend als „practitioner-based movement" (2001: 51), das auch dem unternehmerischen Selbstzweck („self-serving") dienen darf. Besonders in letzterem Aspekt lag die zentrale Neuerung des CC-Begriffs gegenüber CSR. Die Vorstellung, dass Unternehmen Gutes für ihre Umwelt tun und selbst davon profitieren, etwa in Form eines besseren Images oder einer erfolgreicheren Personalgewinnung, wandte sich von der moralischen Natur von CSR ab. WOOD und LOGSDON sprechen deshalb bei CC von einem „tit-for-tat grounding", während CSR ein „moral grounding" (2001: 85) habe.

In diesem Kontext ist in den letzten Jahren das Konzept des strategischen CC entstanden. Es sieht vor, gesellschaftliches Engagement von Unternehmen so zu gestalten, dass unternehmerische und gesellschaftliche Interessen gleichzeitig verfolgt werden und sich eine „Win-Win-Situation" einstellt. Dabei ist es sinnvoll, wenn Unternehmen nicht nur auf finanzielle Ressourcen zurückgreifen, sondern auch ihre Kernkompetenzen und das Know-How der Mitarbeiter einbringen (HABISCH/WEGENER, 2004). Da-

Sustainability, CSR und Corporate Citizenship

mit versuchen Unternehmen, ihr eigenes Umfeld positiver zu gestalten, um somit für sich selbst – ganz im Sinne PORTERS – Wettbewerbsvorteile zu erzielen, wie folgende Definition deutlich macht: „Als unternehmerisches Bürgerengagement (Corporate Citizenship) bezeichnet man Aktivitäten, mit deren Hilfe Unternehmen selbst in ihr gesellschaftliches Umfeld investieren und ordnungspolitische Mitverantwortung übernehmen. Sie helfen mit, Strukturen bereichsübergreifender Zusammenarbeit (Soziales Kapital) aufzubauen, um zusammen mit Partnern aus anderen gesellschaftlichen Bereichen [...] konkrete Probleme ihres Gemeinwesens zu lösen" (HABISCH/WEGENER, 2004: 15).

Allerdings hat sich dieses enge, eher pragmatische Verständnis von CC – egal ob strategisch orientiert oder nicht –, das CRANE und MATTEN (2005) als „narrow view of corporate citizenship" bezeichnen, in der jüngeren Vergangenheit erheblich geweitet. Zum einen wird zwischenzeitlich häufig ein „equivalent view of corporate citizenship" vertreten, der nicht zwischen CSR und CC differenziert, was vor allem in der Unternehmenspraxis der gängigen Perzeption entspricht. Die „extended view" schließlich trägt dem Umstand Rechnung, dass Unternehmen immer häufiger als politische Akteure agieren, die in erheblichem Maße Einfluss auf soziale, zivile und politische Anspruchsrechte nehmen. BIES ET AL. bemerken dazu, es sei unstrittig, „[t]hat corporations do sometimes act as social change agents [...]; it is an empirical reality around the world. Moreover it is becoming a political reality as well" (2007: 788).

Was die erwähnten sozialen Anspruchsrechte betrifft, so stellen Unternehmen – auch aufgrund der oben erwähnten, abnehmenden Leistungsfähigkeit von Wohlfahrtsstaaten – immer häufiger Sozialleistungen zur Verfügung. Im Hinblick auf zivile Anspruchsrechte gab es in der Vergangenheit zumeist eher Negativbeispiele, da Unternehmen die Wahrnehmung dieser Rechte durch Bürger aus Eigeninteresse verhindert haben. Dabei kann vor allem die (gewerkschaftliche) Organisation von Arbeitnehmer- oder Anwohnerinteressen genannt werden. Hinsichtlich der politischen Ebene ist anzuführen, dass Unternehmen nicht nur über verschiedene Kanäle politisch Einfluss nehmen, sondern selbst immer häufiger Gegenstand der politischen Aktivität von Bürgern geworden sind. Proteste und Demonstrationen gegen soziale Missstände richten sich immer seltener gegen Regierungen und immer öfter gegen Unternehmen, die als Verursacher dieser Probleme ausgemacht werden.

Während diese Beobachtungen zweifelsfrei eine „empirische Realität" darstellen (siehe auch SCHERER/PALAZZO, 2007), macht das erweiterte Begriffsverständnis von CC eine Abgrenzung zu den Begriffen CSR und Sustainability nicht unbedingt leichter, was im folgenden Kapitel diskutiert wird.

3. Versuch und Sinn einer Abgrenzung

Eine Abgrenzung zwischen den drei Begrifflichkeiten ist aufgrund des uneinheitlichen Verständnisses der einzelnen Begriffe ein schwieriges Unterfangen. Wie anhand der Definitionen oben gezeigt wurde, ließe sich CSR inhaltsgleich zu Sustainability definieren. Ebenso kann ein „equivalent view" von CSR und CC angelegt werden, was schlussendlich bedeutet, dass auch Sustainability und CC als deckungsgleich verstanden werden könnten. Dann allerdings muss man fragen – und diese Frage wäre eher eine rhetorische –, ob es sinnvoll ist, drei Begriffe zu gebrauchen, die ein identisches Konzept beschreiben. Bereits aus terminologischen Gründen wäre dies unsinnig, aber auch auf der Basis der Evolution und dem heute herrschenden Verständnis der Begrifflichkeiten lassen sich wichtige Unterschiede identifizieren.

Sustainability erweitert das unternehmerische Handeln in zweifacher Hinsicht. Zum einen fordert es *inhaltlich* eine Ausweitung der Verfolgung ökonomischer Ziele um eine soziale und eine ökologische Dimension. Zum anderen verlangt es in *temporaler* Hinsicht, die Konsequenzen des eigenen Handelns auch in langfristiger Perspektive zu analysieren und so zu gestalten, dass sowohl eine positive Geschäftsentwicklung erreicht als auch ein wertvoller Beitrag zur gesellschaftlichen Entwicklung geleistet wird. Um Sustainability von einer grundsätzlichen Philosophie auf die Ebene eines implementierbaren Konzeptes zu heben, ist also die Integration des Sozial- und Umweltmanagements in das strategische Management eines Unternehmens notwendig. Schlussendlich ist Sustainability damit auch in hohem Maße von *proaktiver* Natur, d.h. ein Unternehmen sucht aus eigenem Antrieb heraus nach Möglichkeiten, seine ökonomische, soziale und ökologische Leistung zu verbessern.

CSR hingegen ist – unabhängig davon, ob man es als freiwilliges oder auch gesetzlich bindendes Konzept betrachtet – eher *reaktiver* Natur, weil es darum geht, den Forderungen oder Erwartungen der Gesellschaft nachzukommen. Häufig wird besonders in Deutschland angeführt, CSR würde lediglich die soziale Dimension im Konzept der Sustainability darstellen, was jedoch nicht gerechtfertigt ist. Denn der englische Terminus „social" ist hier mit „gesellschaftlich" zu übersetzen und nicht mit „sozial" im engeren Sinne, weshalb er etwa auch eine ökologische Dimension mit einschließt. Legt man das moderne Verständnis von CSR an, das den freiwilligen Charakter betont, so ergibt sich ein klarer Unterschied zu Sustainability, weil letzteres zweifellos auch die Berücksichtigung gesetzlicher Vorgaben beinhaltet. Zudem hat CSR eine stärkere externe Dimension als Sustainability, denn es ist explizit auf die Gestaltung der Rolle und der Beziehung des Unternehmens zu seiner Umwelt ausgerichtet.

CC beschreibt in seinem engeren Verständnis („narrow view") das gesellschaftliche Engagement von Unternehmen, das über die eigentliche Geschäftstätigkeit hinausgeht, während sowohl Sustainability als auch CSR auf diese abzielen. Allerdings verschwimmt diese Abgrenzung, wenn CC als strategisches Instrument gesehen wird, da es dann vorsieht, mit dem Verfolgen gesellschaftlicher Ziele auch Unternehmensziele zu erreichen. Dennoch – und hier liegt der zentrale Unterschied – fußt CC auf Maßnahmen (Spenden, freiwilliges Arbeitnehmerengagement, Stiftungsgründung etc.), die in der eigentlichen Geschäftstätigkeit traditionell nicht zum Einsatz kommen. Somit könnte CC als Teil von Sustainability oder CSR gesehen werden. Die erweiterte Sichtweise von CC („extended view") kehrt dieses Verhältnis jedoch um, denn sie thematisiert die wachsende Bedeutung des Unternehmens als sozialer Akteur in der und für die Gesellschaft. Aus diesem Bedeutungszuwachs heraus resultiert dann die Notwendigkeit für Unternehmen, sich nachhaltig und sozial verantwortlich gegenüber der Gesellschaft zu verhalten.

Nun kann gefragt werden, ob eine solche Abgrenzung, die offensichtlich eine schwierige ist und abhängig vom Begriffsverständnis variiert, wirklich sinnvoll ist oder ob es letztendlich keine Rolle spielt, unter welchem „Schlagwort" oder aus welchem Verständnis heraus sich ein Unternehmen für gesellschaftliche Belange im weitesten Sinne einsetzt. Darauf kann allerdings geantwortet werden, dass sowohl in der betrieblichen Praxis als auch in der Wissenschaft eine Abgrenzung wünschenswert ist.

In der Praxis hat die diffuse und willkürliche Verwendung dieser Begriffe zweifellos dazu beigetragen, dass sie als leere „Worthülsen" – um das Zitat von PETER ULRICH aus der Einleitung aufzugreifen – verstanden werden. Wie ungenau oder wechselhaft der Gebrauch der Termini und die „Etikettierung" (GAZDAR, 2008: 192) der entsprechenden Berichte erfolgt, kann am Beispiel von Siemens veranschaulicht werden. Der Konzern veröffentlichte seit 1995 einen „Umweltbericht", ehe er ab dem Jahr 2000 einen „Corporate Citizenship Report" herausgab. Dieser wurde jedoch bereits zwei Jahre später in „Corporate Responsibility Report" umbenannt. 2008 schließlich entschied sich das Unternehmen für einen „Sustainability Report" bzw. „Nachhaltigkeitsbericht", der in Deutsch und Englisch vorgelegt wird. Solche Begriffswechsel müssen unweigerlich in der medialen, aber auch breiteren Öffentlichkeit den Eindruck erwecken, als könne man die Begriffe und Konzepte wahllos austauschen, was sie in hohem Maße wertlos und unglaubwürdig macht. Sie werden damit letztendlich nur noch als „Schönfärberei" wahrgenommen, was nicht im Sinne der Unternehmen sein kann – vor allem nicht derjenigen unter ihnen, die ernsthaft um eine Umsetzung dieser Ansätze bemüht sind. Aber auch im Inneren kann ein solches Jonglieren mit Begriffen und Konzepten zu Schwierigkeiten führen. Zum einen werden die Mitarbeiter selbst die Sinnhaftigkeit der entsprechenden Maßnahmen hinterfragen. Zum anderen wird es einem Unternehmen schwerfallen, eines der Konzepte strategisch umzusetzen, wenn unklar bleibt, was überhaupt darunter verstanden wird.

Dass die Verwendung der Begriffe in der Praxis wechselhaft und uneinheitlich erfolgt, daran ist die Wissenschaft nicht ganz schuldlos, kann man sich dort doch ebenfalls nicht auf ein einheitliches Verständnis einigen. Allerdings kann zur „Verteidigung" vorgebracht werden, dass Sustainability, CSR und CC relativ junge Begriffe und Konzepte sind, weshalb ihre Weiterentwicklung nur natürlich ist. Zudem kann das unterschiedliche Begriffsverständnis im internationalen Vergleich auf die verschiedenen sozio-ökonomischen Rahmenbedingungen zurückgeführt werden. Denn Gesellschaften messen sozialen oder ökologischen Aspekten eine unterschiedliche Bedeutung zu, und auch die Vorstellung von der grundsätzlichen gesellschaftlichen Funktion eines Unternehmens weicht erheblich voneinander ab. Nichtsdestotrotz ist es die Aufgabe der Wissenschaft, im Diskurs Begriffe eindeutig zu bestimmen, um so eine auf ihnen aufbauende, kohärente Diskussion zu ermöglichen. Momentan handelt es sich allerdings bei Diskussionen zum selben Begriff – sei er nun Sustainability, CSR oder CC – häufig um den sprichwörtlichen Vergleich von Äpfeln und Birnen. Ein einheitliches Begriffsverständnis in der Wissenschaft würde schlussendlich auch der Praxis den Umgang mit den einzelnen Termini erleichtern. Davon sind wir aber momentan noch weit entfernt.

Literatur

[1] ANDERSON, S./CAVANAGH, J. (2000): The Rise of Corporate Global Power. Institute for Policy Studies, Washington, D.C.

[2] BARNARD, C. (1938): The Functions of the Executive, 30th Anniversary Edition. Harvard University Press, Cambridge; Erstveröffentlichung 1938.

[3] BIES, R. J./BARTUNEK, J. M./FORT, T. L./ZALD, M. N. (2007): Corporations as social change agents: individual, interpersonal, institutional, and environmental dynamics. In: Academy of Management Review, Jg. 32, Nr. 3: 788-793.

[4] BOWEN, H. R. (1953): Social Responsibilities of the Businessman. Harper & Brothers, New York.

[5] BUSINESS FOR SOCIAL RESPONSIBILITY (2007): About. http://www.bsr.org/en/about am 22.12.2007.

[6] CARROLL, A. B. (1979): A Three-Dimensional Conceptual Model of Corporate Social Performance. In: Academy of Management Review, Jg. 4, Nr. 1: 497-505.

[7] CARROLL, A. B. (1991): The Pyramid of Corporate Social Responsibility: Toward the Moral Management of Organizational Stakeholders. Business Horizons, July/August 1991: 39-48.

[8] DAVIS, K. (1967): Understanding the Social Responsibility Puzzle: What Does the Businessman Owe to Society. In: Business Horizons, Jg. 10, Nr. 4: 45-50.

[9] DAVIS, K./BLOMSTROM, R. (1966): Business and its Environment. McGraw Hill, New York.

[10] DODD, E. M. (1932): For whom are corporate managers trustees? In: Harvard Law Review, Jg. 45, Nr. 8: 1365-1372.

[11] ELKINGTON, J. (1997): Cannibals with Forks: The Triple Bottom Line of 21st Century Business. Capstone Publishing, Oxford.

[12] FIFKA, M. (2009): Towards a More Business-Oriented Definition of Corporate Social Responsibility: Discussing the Core Controversies of a Well-Established Concept. In: Journal of Service Science and Management, Jg. 2, Nr. 4: 312-321.

[13] FIFKA, M. (2011): Corporate Citizenship in Deutschland und den USA – Gemeinsamkeiten und Unterschiede im gesellschaftlichen Engagement von Unternehmen und das Potential eines transatlantischen Transfers. Gabler, Wiesbaden.

[14] GAZDAR, K. (2008): Reporting. In: Habisch, A./Schmidpeter, R./Neureiter, M. (Hrsg.): Handbuch Corporate Citizenship – Corporate Social Responsibility für Manager. Springer Verlag, Berlin: 191-198.

[15] GAZDAR, K./KIRCHHOFF, K. R. (2004): Unternehmerische Wohltaten: Last oder Lust? Von Stakeholder Value, Sustainable Development und Corporate Citizenship bis Sponsoring. Hermann Luchterhand Verlag, München.

[16] GLOBESCAN (2001): Trust in Institutions. http://www.globescan.com/rf_ir_first.htm am 24.10.2009.

[17] HABISCH, A. (2008): Unternehmergeist in der Bürgergesellschaft. Zur Innovationsfunktion von Corporate Citizenship. In: Backhaus-Maul, H./Biedermann, C./Nährlich, S./Polterauer, J. (Hrsg.): Corporate Citizenship in Deutschland – Bilanz und Perspektiven. VS Verlag, Wiesbaden: 106-120.

[18] HABISCH, A./WEGENER M. (2004): Gesetze und Anreizstrukturen für CSR in Deutschland. http://www.corporatecitizen.de/documents/GesetzeAnreizstrukturen.pdf am 22.10.2008.

[19] HALFMANN, A. (2008): Unternehmen als Teil der Zivilgesellschaft: Wie das Miteinander von Profit und Non-Profit gelingen kann und woran es manchmal scheitert. In: Schmidt, M./Beschorner, T. (Hrsg.): Corporate Social Responsibility und Corporate Citizenship. Rainer Hampp Verlag, München: 87-96.

[20] HARTIG, G. L. (1795): Anweisung zur Taxation der Forste, oder zur Bestimmung des Holzertrags der Wälder. Neuauflage, Georg Ludwig Hartig Stiftung, Wiesbaden 1996.

[21] HEIDBRINK, L. (2008): Wie moralisch sind Unternehmen? In: Aus Politik und Zeitgeschichte, Jg. 31, 28. Juli: 3-6.

[22] KOMMISSION DER EUROPÄISCHEN GEMEINSCHAFTEN (2001): Grünbuch – Europäische Rahmenbedingungen für die soziale Verantwortung der Unternehmen. Brüssel.

[23] KOOPMANN, G./FRANZMEYER, F. (2003): Weltwirtschaft und internationale Arbeitsteilung. In: Informationen zur politischen Bildung, Globalisierung, Heft 280. Bundeszentrale für politische Bildung, Bonn: 12-26.

[24] KPMG (2008): International Survey of Corporate Responsibility Reporting. Amsterdam.

[25] KREPS, T. (1940): Measurement of the Social Performance of Business. U.S. Government Printing Office, Washington, D.C.

[26] LOCKE, J. (1967): Two Treatises of Government. Cambridge University Press, Cambridge.

[27] MATTEN, D./CRANE, A. (2005): Corporate Citizenship: Toward an Extended Theoretical Conceptualization. In: Academy of Management Review, Jg. 30, Nr. 1: 166-179.

[28] MCGUIRE, J. (1963). Business and Society. McGraw Hill, New York.

[29] MUTZ, G./KORFMACHER, S. (2003): Sozialwissenschaftliche Dimensionen von Corporate Citizenship in Deutschland. In: Backhaus-Maul, H./Brühl, H. (Hrsg.): Bürgergesellschaft und Wirtschaft – Zur neuen Rolle von Unternehmen. Deutsches Institut für Urbanistik, Berlin: 45-62.

[30] THE PEW RESEARCH CENTER. (2003): Views of a Changing World. Washington, D.C. http://people-press.org/reports/pdf/185.pdf am 24.08.2009.

[31] SACHVERSTÄNDIGENRAT FÜR UMWELTFRAGEN (2008): Umweltgutachten 2008 – Umweltschutz im Zeichen des Klimawandels, Berlin.

[32] SCHERER, A. G./PALAZZO, G. (2007): Toward a political conception of corporate social responsibility: business and society seen from a Habermasian perspective. In: Academy of Management Review, Jg. 32, Nr. 4: 1096-1120.

[33] SCHRADER, U. (2003). Corporate Citizenship – Die Unternehmung als guter Bürger? Logos, Berlin.

[34] SCHULER, A. (2000): Von der Nachhaltigkeit als Beschränkung zur nachhaltigen Entwicklung als Programm. In: Schweizerische Zeitschrift für Forstwesen, Jg.12: 497-501.

[35] SCHUMPETER, J. A. (2005): Kapitalismus, Sozialismus und Demokratie. UTB, Stuttgart.

[36] STEINMANN, H./SCHERER, A. G. (2000): Freiheit und Verantwortung in einer globalisierten Wirtschaft. In: Hungenberg, H./Schwetzler, B. (Hrsg.): Unternehmen, Gesellschaft, Ethik. Erfahrungen und Perspektiven. Gabler, Wiesbaden: 93-115.

[37] ULRICH, P. (2008): Corporate Citizenship oder: Das politische Moment guter Unternehmensführung in der Bürgergesellschaft. In: Backhaus-Maul, H./Biedermann, C./Nährlich, S./Polterauer, J. (Hrsg.): Corporate Citizenship in Deutschland – Bilanz und Perspektiven. VS Verlag, Wiesbaden: 94-100.

[38] VON CARLOWITZ, H. C. (1713): Sylvicultura oeconomica, Leipzig.

[39] WALTON, C. (1967): Corporate Social Responsibilities. Wadsworth, Belmont.

[40] WIELAND, J. (2005): Corporate Citizenship-Management. In: Wieland, J./Conradi, W. (Hrsg.): Corporate Citizenship – Gesellschaftliches Engagement – unternehmerischer Nutzen. Metropolis Verlag, Marburg: 9-22.

[41] WINDSOR, D. (2001): Corporate Citizenship – Evolution and Interpretation. In: Andriof, J./McIntosh, M. (Hrsg.): Perspectives on Corporate Citizenship. Greenleaf, Sheffield: 39-52.

[42] WOOD, D. J./LOGSDON, J. M. (2001): Theorizing Business Citizenship. In: Andriof, J./McIntosh, M. (Hrsg.): Perspectives on Corporate Citizenship. Greenleaf, Sheffield: 83-103.

[43] WORLD COMMISSION ON ENVIRONMENT AND DEVELOPMENT (1987): Report of the World Commission on Environment and Development: Our Common Future. http://www.un-documents.net/wced-ocf.htm am 02.07.2011.

Der Handel als Treiber von Nachhaltigkeit – oder als Getriebener?

Guido Frölich (tegut... Gutberlet Stiftung & Co.)

1. Einleitung

Betrachten wir die heutigen Prinzipien der Lebensmittelwirtschaft, befinden wir uns in einem Kreislauf wirtschaftlichen Handelns, der zum Ziel hat, Kosten zu senken, Mengen zu steigern und der auf kontinuierliches quantitatives Wachstum programmiert ist. Lebensmittel werden als industrielle Produkte gehandelt, deren Qualität zunehmend infolge des oben genannten Kreislaufs unter Druck gerät. Das Argument, dass der Kunde über den Preis zu gewinnen sei, ist zur Ausrede für die eigene Unfähigkeit geworden, alternative Strategien zu finden, die z.B. durch Möglichkeiten wie entwicklungsorientiertes und nachhaltiges Handeln zu erschließen wären.

„Ethischer Konsum" ist das Schlagwort des Konsumententrends der vergangenen Jahre, der in der Konsequenz zu deutlich erweiterten Anforderungen an Produkte ebenso wie an den Hersteller bzw. den Herstellungsprozess geführt hat.

„Nachhaltigkeit" im unternehmerischen Handeln wird an Wichtigkeit zunehmen und mehr beinhalten müssen als eine reine Marketingaussage. Diese Notwendigkeit stellt die Weichen mit Blick auf die zukünftigen Herausforderungen neu.

2. Allgemeine Definition von Nachhaltigkeit

Die heute noch geläufigste und auf politischer, wirtschaftlicher und soziale Ebene überwiegend akzeptierte Definition der „Nachhaltigkeit" ist die von der Brundtland-Kommission 1987 erstellte Umschreibung der „nachhaltigen Entwicklung" als eine

> *„die Bedürfnisse der Gegenwart befriedigt, ohne zu riskieren, dass künftige Generationen ihre eigenen Bedürfnisse nicht befriedigen können."* (HAUFF, 1987: 46)[1]

Als Unternehmen muss dies in eigene Ziele übersetzt werden, die die Rolle des Unternehmens zum Erreichen dieser Ziele definiert. Für tegut… wird dies unter „Gut für mich, für dich, für unsere Zukunft" zusammengefasst.

3. tegut… Position zur Nachhaltigkeit

tegut… schafft Entwicklungssituationen, die auf und in den Beteiligten wirken, wenn wir diese Ressourcen einsetzen, ohne sie zu verschwenden – entsteht Nachhaltigkeit in ökonomischer, ökologischer und sozialer Hinsicht:

> *„Da wir für unsere Leistungserbringung Ressourcen verbrauchen müssen, bedeutet dies, dass wir ihren Einsatz sinnvoll gestalten. Das heißt für uns, unnützen Verbrauch zu hemmen, Regeneration und neues Leben zu fördern."* (tegut…-Leitbild)

In diesen Worten liegt der Ursprung des verantwortungsbewussten und tragfähigen Handelns von tegut…, sie sind symbolisch für das Nachhaltigkeitsverständnis von tegut…, das sich an der Menschheitsentwicklung orientiert, wie es auch in der Bundtland-Definition festgehalten wird.

---

[1] Hauff, V. (Hrsg.): Unsere gemeinsame Zukunft. Der Brundtland-Bericht der Weltkommission für Umwelt und Entwicklung. Greven, 1987.

Aus dem eigenen Anspruch ist tegut... als Unternehmen Treiber und aus der Rolle des Mittlers zwischen Produzent und Kunde Getriebener zugleich. Aus dieser Betrachtung entwickeln sich automatisch unsere Aufgaben, für die wir als Handelsunternehmen einstehen. Dies sind z.B.:

1. **In der Bewusstseinsentwicklung der Menschen:**
   - Betrachtung des Menschen als ganzes und denkendes Wesen;
   - Einhaltung sozialer Standards und tariflicher Bindungen;
   - Förderung persönlicher Entwicklung am Arbeitsplatz nach dem Grundsatz „arbeitend lernen und lernend arbeiten";
   - kontinuierliche Ausbildung junger Menschen und gezielte Weiterbildung der Mitarbeiter;
   - Förderung der Urteilsbildung und des Urteilsvermögens unserer Kunden.

2. **In der Ressourcensicherung:**
   - Reduzierung von Verschwendung und unnützem Verbrauch;
   - Reduzierung der eigenen Umweltauswirkungen;
   - Förderung und Einsatz erneuerbarer Energien.

3. **In der Bedarfsdeckung:**
   - Förderung nachhaltiger Produkte und Produktionsweisen;
   - transparente Vermittlung der damit verbundenen Prozesswege an den Endkunden zur Erhöhung der Urteilsfähigkeit;
   - Förderung der Artenvielfalt;
   - Förderung regionaler Lebensmittelerzeugung.

4. tegut...-Projekte

Über Projektarbeiten wird bei tegut... das Thema „Nachhaltigkeit" in den Bereichen der **menschlichen Bewusstseinsentwicklung,** der **Ressourcensicherung,** und der **Bedarfsdeckung** analysiert, in konkrete Maßnahmen gefasst und zur Umsetzung gebracht. Im Sinne eines entwicklungsorientierten und verantwortungsbewussten Handelns im Wirtschaftskreislauf wird Projektarbeit zu einem lebendigen Prozess, von dem ausgehend Entwicklungssituationen entstehen und das innere Verständnis nachhaltigen Handelns in den entsprechenden Projektergebnissen sichtbar wird.

In der Bewusstseinsentwicklung der Menschen ...

... unterstützt das Unternehmen ein Menschenbild, welches den Menschen als ganzes und denkendes Wesen wahrnimmt. Das Tätigkeitsfeld des Unternehmens wird als Entwicklungsraum für Menschen betrachtet, der nicht nur fachlich, sondern auch in hohem Maße persönlichkeitsbildend wirkt. Der tegut... Grundsatz „arbeitend lernen und lernend arbeiten" bringt zum Ausdruck, dass die eigene Tätigkeit zugleich Lern- und Entwicklungsraum darstellt.

Interne Ausbildung, Förderung und Weiterbildung erhält daher bei tegut... einen hohen Stellenwert und orientiert sich am Dargestellten. Im Rahmen der aktiven Personalarbeit wirkt sich dies in sozialen und bildenden Leistungen des Unternehmens für seine Mitarbeitenden wie folgt aus:

- Einhaltung sozialer Standards und tariflicher Bindungen;
- Umsetzung festgelegter Führungsgrundsätze;
- intensive Ausbildung junger Menschen in verschiedenen Ausbildungsberufen;
- Förderung durch Studium und Stipendien;
- interne Förderprogramme für Führungskräfte;
- fachliche Weiterbildung durch Selbstlernprogramme und Fachseminare;

- Teambildende Maßnahmen;
- Ideenwettbewerb für Mitarbeiter.

In der Ressourcensicherung ...

… formuliert das tegut...-Leitbild den Maßstab für den Umgang mit dem Kapital der Ressourcen Wasser, Wärme und Energie und die Gaben und Kräfte der Natur. In diesem Sinne werden bei tegut... zahlreiche Projekte durchgeführt, die eine optimale Nutzung von Energie und den Einsatz erneuerbarer Energien und moderner Technik zum Thema haben. Dazu gehören z.B.

- Einsatz standardisierter Gebäudeleittechnik in neuen und modernisierten Märkten;
- Einsatz von Glastüren in Kühlelementen der Molkereiprodukte;
- Optimierung der Heizungs- und Lüftungsanlagen;
- Installation energiesparender Leuchtmittel;
- Betrieb eines eigenen Blockheizkraftwerkes;
- Einsatz von Solartechnik;
- Einsparung von 1.100 LKW-Fahrten durch ein spezielles Tourensystem;
- Schulung der Mitarbeiter in energieeffizientem Autofahren.

Dass die Umweltziele in diesem Bereich häufig auch wirtschaftliche Vorteile bringen, ist im Rahmen einer echten Nachhaltigkeit absolut wünschenswert, um sie dauerhaft tragfähig zu gestalten.

Die zukünftige Ausrichtung des Energiemanagements in der Unternehmensgruppe baut auf den bisherigen Erfolgen auf und steckt sich das ehrgeizige Ziel, bis 2012 das energieeffizienteste Unternehmen im deutschen LEH zu sein. Ein wesentlicher Maßstab wird dabei sein, den relativen Energieverbrauch in den tegut...-Märkten jährlich um 2 % zu senken.

In der Bedarfsdeckung ...

... gilt tegut... als Pionier der Branche. Vor 30 Jahren begann die Einführung ökologischerzeugter Lebensmittel in das Sortiment der Märkte. Heute ist es auf einen Umfang von über 3.000 Artikeln angewachsen. Diese frühe, visionäre Auseinandersetzung mit den Themen der ökologischen Lebensmittelwirtschaft von der landwirtschaftlichen Erzeugung über die Verarbeitung bis hin zum Vertrieb der Produkte im konventionellen Lebensmittelhandel ist ein Erfolg, der die tiefe innere Haltung nachhaltigen Wirtschaftens bei tegut... sichtbar macht. Es haben sich daraus zahlreiche Projekte entwickelt, deren Verwirklichung sich im Sortiment der Märkte widerspiegelt und in Leistungen, die weit über den Handel guter Lebensmittel hinaus reichen.

4. Projekte im Sinne der Nachhaltigkeit

Im Folgenden soll ein Eindruck der umfassenden Projektarbeit im Sinne der Nachhaltigkeit vermittelt und anhand von fünf Beispielen vorgestellt werden, auf welchen Wegen die gestellten Aufgaben erfüllt werden.

4.1 Bewusstseinsentwicklung im Bereich „Ernährung"

„Bewusst selbst gemacht" ist das Motto der Initiative, mit der tegut... sich einsetzt, das Bewusstsein der Menschen für eine gesunde, biologische Ernährung zu schärfen und in diesem Rahmen insbesondere das Bewusstsein gegenüber Natur, Umwelt und Herstellungsprozessen von Lebensmitteln zu erweitern und zu fördern.

Das Bestellen des Bodens zur eigenen Versorgung mit frischem Gemüse und Obst sowie deren Verarbeitung zum Haltbarmachen und Lagern gehören schon lange nicht mehr zur täglichen Praxis im Haushalt. Damit geht einher, dass die Fähigkeiten und das Wissen um eine gesunde Ernährung, gute und gehaltvolle Lebensmittel und die Wertschätzung der Qualität von Lebensmitteln verkümmern.

Gleichzeitig besteht eine wachsende Distanz zwischen der landwirtschaftlichen Urerzeugung und dem Verbraucher. Diese Distanz führt unweigerlich dazu, dass das Wissen über die komplexen Zusammenhänge der natürlichen Ressourcen und unseren Lebensmitteln ebenfalls schwindet. Es mündet in zunehmender Entfremdung der Menschen von ihrem natürlichen Lebensraum. Die Tatsache, dass heute einem Großteil der Menschen der Zugang zu eigenem Land verwehrt ist, trägt dazu bei. Mit alldem schwindet die persönliche Wertschätzung von Lebensmitteln und gesunder Ernährung ebenso wie die Urteilsfähigkeit über deren Qualität.

Das Projekt „Bewusst selbst gemacht" will über Saisongärten die Menschen anregen, wieder selbst ein Stück Land zu bewirtschaften und die Früchte zu ernten. Dadurch soll die Versorgung mit guten und frischen Lebensmitteln als Basis einer gesunden Ernährung und zur Erhöhung der eigenen Lebensqualität wieder entdeckt und gleichzeitig die regionale Wirtschaft stärker gefördert werden sowie soziale Netzwerke entstehen.

Ergänzt wird dieses Projekt durch eine Reihe von speziellen Angeboten im Bereich gesunder Ernährung. Grundlage dafür ist ein Verständnis von Ernährung, dass sich an den Bedürfnissen und Anforderungen der Menschen orientiert, die eine individuelle und menschengemäße Ernährung ausmachen. Dazu gehören neben einer ausreichenden Nährstoffversorgung auch Freude und Genuss beim Essen, eine Esskultur und ein ausgewogener Lebensrhythmus. Die Menschen darin zu unterstützen, ihren eigenen, individuellen Ernährungsstil zu finden, ist das erklärte Ziel der Ernährungsaufklärung bei tegut... . Die Aktivitäten sind umfangreich angelegt und beziehen sowohl die Mitarbeiter der Arbeitsgemeinschaft als auch die Kunden ein:

- Wissensvermittlung durch das „Lernbuch Ernährung";
- sechswöchige Ernährungsschulung für tegut...-Mitarbeiter;
- Einrichtung einer Ernährungs-Telefonhotline;

- Präsentationen auf Messen, Gesundheitstagen, Vortragsabenden;
- Ausbildung interner „Einkaufsberater" als Ansprechpartner für Kunden;
- Beratung von Seniorenheimen zur Optimierung der Ernährungsaufklärung;
- Seminare zu verschiedenen Themen der Lebensmittelzubereitung durch das tegut... bankett.

4.2 Biodiversität

Innerhalb der Unternehmens-Initiative „Business and Biodiversity", die vom ehemaligen Bundesumweltminister Sigmar Gabriel im Mai 2008 ins Leben gerufen wurde, engagiert sich auch tegut... für den Schutz der biologischen Vielfalt. Durch den weltweit alarmierenden und rasant fortschreitenden Verlust an genetischer Vielfalt, Arten und Lebensräumen verarmt die Natur mit der Folge, dass die Lebensgrundlagen der Menschheit ernsthaft bedroht sind. Die optimale Verknüpfung von Nutzen und Schützen der biologischen Vielfalt wird so zu einer Schlüsselfrage für unsere Zukunft.

Die Ziele von tegut... zum Erhalt der biologischen Vielfalt:

- Ausbau des Anteils von Ökoprodukten und Engagement in den entsprechenden Verbänden AoeL und BÖLW
- Vertiefung der Zusammenarbeit mit Landwirten und ihren Zusammenschlüssen, neben den bestehenden Schwerpunkten Rindfleisch sowie Obst & Gemüse;
- Ausweitung auf den Bereich Getreide;
- Ausweitung von Produkten ausgezeichnet mit dem Label „ohne Gentechnik";

- Vermarktung und Förderung biologisch-dynamisch gezüchteter Sorten im Bereich von Obst & Gemüse sowie Brot & Backwaren.

Ökologisch bewirtschaftete Flächen zeichnen sich im Vergleich zu konventionell bewirtschafteten durch eine höhere Biodiversität aus und erbringen höhere Umweltleistungen.

Des Weiteren fördert tegut... die Agrar-Biodiversität durch die Unterstützung der biologisch-dynamischen Saatgutzucht durch Nutzung und Verbreitung: Neue Sorten, die spezifisch für den Ökoanbau und mit Blick auf eine hohe innere Qualität gezüchtet werden. Dies geschieht bspw. durch das Angebot hochwertiger, vermehrungsfähiger Saaten in den tegut...-Märkten. Darüber hinaus wird sortenreines Getreide vermarktet, z.B. in Form unseres demeter Lichtkornroggenbrotes oder des Firmamentbrotes. Außerdem erhalten die Kunden biologisch dynamisch gezüchtete Obst- und Gemüsesorten wie z.B. die Rodelika Möhre, den Red Curry Hokkaido-Kürbis oder die Robuschka Rote Bete.

4.3 tegut... FAIRbindet

Die Bio-Bananen von der Kleinbauernorganisation Banelino in der Dominikanischen Republik waren 2006 das erste Produkt, das mit dem „tegut...fairbindet" Label gekennzeichnet wurde. Die zentralen Impulse sind dabei:

- Die Förderung und Unterstützung einer bäuerlichen, ökologisch ausgerichteten Landwirtschaft sollte über bestehende Kooperationen in der Region ausgeweitet werden, auch auf Länder des Südens und entsprechende Produkte.

- Fair – im Sinne von verlässlichen Absprachen von Abnahmemengen, Preisen und eines „fairen" Umganges dabei, der Probleme und Potenziale über die gesamte Wertschöpfungskette kennt und Entscheidungen „mit Blick auf das Ganze" trifft.

- (Fair-)bunden – d.h. in Kommunikation mit den verschiedenen Akteuren, den Vertretern der Erzeuger, dem Exporteur und Importeur – die über Artikelnummer, Preis und Menge hinausgeht und Ziele mit einbezieht: Es geht um nachhaltiges Wirtschaften, das den wirtschaftlichen Spielraum auf den verschiedenen Ebenen schafft, um Ziele und Verbesserungen unter ökologischen, wirtschaftlichen und sozialen Gesichtspunkten voranzubringen.

Beispiel Banelino:

Die Abkürzung Banelino steht für „Bananos Ecológicos de la Línea Noroeste", einem Zusammenschluss von rund 300 Kleinbauern im Nordosten der Dominikanischen Republik. Diese organisierten sich, um im Exportgeschäft gegenüber Großplantagen mithalten zu können. Etwa 1.000 Hektar Land bewirtschaften sie insgesamt, eine Familie also durchschnittlich drei bis vier Hektar. Über 70 % der Gesamtfläche wird kontrolliert ökologisch bewirtschaftet. Auf den fruchtbaren Böden entlang des Flusses Yaque del Norte haben die Landwirtschaft unter Bewässerung und der Bananenanbau Tradition. Der Regen in dem Flusstal konzentriert sich auf die Monate Mai und Oktober; der Fluss wird aber durch die höheren Niederschlagsmengen in den umliegenden Bergen gespeist. Etwa 15 % der Jahresproduktion gehen an tegut… . Verlässliche Abnahmemengen und ein fairer Preis eröffnen „Banelino" den wirtschaftlichen Spielraum, Arbeitsfelder im ökologischen, wirtschaftlichen und sozialen Bereich anzugehen und Perspektiven zu erarbeiten.

Ein wichtiger Bestandteil der Zusammenarbeit zwischen tegut… und Banelino ist der persönliche Kontakt, der durch Reisen geschlossen wurde und zu den verantwortlichen Mitarbeitern kontinuierlich gepflegt wird. Beratung und Austausch sind wichtig, geht es doch bei den Initiativen darum, modellhaft Lösungswege für bestimmte Problemfelder auszuprobieren und Erfahrungen zu erarbeiten:

- So werden z.B. verschiedene Systeme zur Bewässerung getestet und genau beobachtet. Ziel dabei ist die möglichst effektive Nutzung der Ressource Wasser. Das beste System wird dann weiter ausgebaut.

- Die Analyse der wichtigsten Einflussfaktoren auf Produktion und Qualität soll den Bauern helfen, an kritischen Punkten anzusetzen und so die Wirtschaftlichkeit ihrer Pflanzungen Schritt für Schritt zu verbessern.

- Die starke Ausrichtung auf nur eine Frucht birgt auch Risiken – sowohl wirtschaftliche als auch ökologische. Deshalb wurden einige Versuchsfelder angelegt, bei denen jede 5. Bananenreihe mit anderen Kulturen bestellt wurde, wie z.B. Zitrusfrüchte oder Kakao, in den ersten Jahren ergänzt mit einjährigen Nahrungspflanzen, z.B. Bohnen, Mais und Yuca. Außerdem werden die Flächen mit einer Leguminose (Arachis pintoi) begrünt. Nach den ersten Jahren zeichnet sich nun ab, dass auf diesen „Parcelas de Biodiversidad" der Ertrag der Bananen nicht sinkt und die weiteren Kulturen darüber hinaus zur Ernährungs- und Einkommenssicherung beitragen.

- Die Landwirtschaft der Dominikanischen Republik wäre ohne die Arbeitskraft vieler haitianischer Arbeiter nicht denkbar. Deren Situation zu verbessern, z.B. durch Dokumente zu ihrer Identifizierung und Gelegenheiten des Miteinander, z.B. durch sportliche Ereignisse, war ebenfalls von vornherein ein Arbeitsfeld der Zusammenarbeit.

- Verbesserungen im Bereich Gesundheit: Ein angestellter Arzt behandelt Produzenten, Arbeitern und deren Familien und dokumentierte über Monate die durchgeführten Behandlungen und erstellte daraus eine Prioritätenliste. Im Hinblick auf die häufigsten und vordringlichsten gesundheitlichen Probleme werden jetzt Kurse und Vorträge angeboten sowie „Promotoras" ausgebildet, um den

Menschen ein Grundwissen über die Problematik und Ansätze zur Vorbeugung nahezubringen.

Die hier initiierten Prozesse sind entscheidend, ob aus dem Projekt letztlich Entwicklung und Hilfe zur Selbsthilfe resultieren. So wird bei tegut...-FAIRbindet der Gedanke der „Nachhaltigkeit" (wie im Unternehmen definiert) weiter getragen und durch das Angebot der karibischen Bio-Bananen in den tegut...-Märkten in die Verbreitung hin zu unseren Kunden gebracht.

4.4   Regionale Erzeugnisse

Nachhaltigkeit und fairer Handel von Lebensmitteln beziehen sich bei tegut... auch auf die Förderung und Unterstützung regionaler Lebensmittelerzeuger und Verarbeiter. Seit der Gründung von tegut... 1947 besteht das Konzept der heute rund 300 Märkte darin, wo immer es geht, regionale Partner einzubeziehen. Das fängt bei den Landwirten an, geht bei den Brauereien, Keltereien und Mineralbrunnen weiter und führt bis zu kleinen Spediteuren, Schreinereien und Baubetrieben. Ein Unternehmen wie tegut... ist in der Region und mit der Region entstanden, diese bodenständige Grundhaltung wirkt sich auch auf die Sortimentsgestaltung aus.

An dieser Stelle sieht tegut... seine Aufgabe darin, die Partner in der Region zusammenzubringen. In einer klein strukturierten Landwirtschaft kann nicht jeder alles schaffen. Deshalb ist es notwendig, dass sich die Partner – die Bauern, Händler und Verarbeiter in den Produktionsbetrieben – gegenseitig stützen. Durch die eigenen Verarbeitungsbetriebe „Kurhessische Fleischwaren Fulda kff" und „Herzberger Bäckerei" schließt sich bei tegut... dieser Kreis auf eine wirkungsvolle Weise:

- So stammt ein Teil des Bio-Rindfleisches, das bei tegut... an den Feinkosttheken angeboten wird, von den Landwirten des Vereins „Rhöner Biosphärenrind". Grundlage ist hier einerseits die Abnahmegarantie zu einem guten Preis und andererseits die Erfüllung der tegut...-Qualitätsstandards.

- Das Angebot von Bio-Lamm- und Bio-Ziegenlammfleisch aus der Rhön gehört zu den Projekten regionaler Förderung.

Der Handel regional erzeugter Lebensmittel dient gleichzeitig auch dem Erhalt der landwirtschaftlichen Existenzgrundlage und der Förderung regionaler Strukturen.

Seit Mai 2009 hat tegut… die Initiative „Zeichen setzen für faire Milchpreise" gestartet, im Rahmen derer das Unternehmen den Verkaufspreis für die Milch zum „kleinsten Preis" (1 Liter frische Vollmilch 3,5 % Fett) setzte. Die Differenz von damals 7 Cent – nach dem Preisanstieg der letzten Monate heute 5 Cent – zum üblichen niedrigsten Preis für frische Vollmilch in Deutschland fließt seitdem in einen Fonds und ist für faire Projekte in der Landwirtschaft bestimmt.

4.5 Fisch aus nachhaltiger Fischerei

Fisch hat sich an den Feinkosttheken der tegut…-Märkte zu einem unverzichtbaren Angebot entwickelt. Er verfügt über eine hohe Qualität als Bestandteil einer gesunden und vollwertigen Ernährung ebenso wie durch seinen ganz eigenen Genusswert. Der Nachfrage seitens der Kunden nach frischem Fisch stehen die Probleme rund um den Fischfang, den eingesetzten Fangmethoden und den Erhalt bedrohter Arten entgegen. Daraus resultiert, dass Fisch mittlerweile in besonderer Weise mit den Begriffen „nachhaltige Fischerei" und „ökologisch" verbunden wird. Diesen Anspruch zu erfüllen, trifft den Wunsch vieler Kunden und entspricht dem tegut… Selbstverständnis nachhaltigen Wirtschaftens.

Unsere Meere leiden an Überfischung und Umweltverschmutzung, einige Fischarten sind sogar akut bedroht. Nachhaltiger Fischfang bedeutet, diese Bestände zu schonen und eine Erholung zu ermöglichen. Entsprechend erfolgt bei tegut… eine komplette stufenweise Sortimentsumstellung auf Frischfisch aus nachhaltiger Fischerei und Aquakultur. Dabei kommen Nachhaltigkeitssysteme und bestehende Zertifizierungsrichtlinien, unter anderem Bio und MSC, zum Einsatz. Auf diese Weise leistet tegut… einen aktiven Beitrag, die Artenvielfalt zu erhalten und der Überfischung der Weltmeere entgegen zu wirken. Dies fördert das ökologische Gleichgewicht und dient so der Erhaltung der Ökosysteme. Soziale Ausbeutung und illegale Fischerei lehnt tegut... grundsätzlich ab.

Die Vermarktung von Fisch schließt Futter- und Besatzfische, Meeresfrüchte, Schalen- und Krustentiere mit ein und orientiert sich an folgenden Grundsätzen:

Für Fische aus Wildfang gilt:

Fische aus gefährdeten Beständen einer Art dürfen nur aus neutral geprüften Fischereien stammen.

Für Fische aus Aquakultur gilt:

Jeder Fisch kommt aus einer neutral geprüften Fischzucht.

Mit den Lieferanten von tegut... wird immer auf eine langfristige Zusammenarbeit und gemeinsame Entwicklung hingearbeitet. Eine Rückverfolgbarkeit bis hin zum Fang bzw. zur Aufzucht wird mit den Lieferanten aufgebaut. Als gefährdet eingestufte Fischarten oder Fische aus bedrohten Fischfangregionen werden nicht angeboten. Aus dieser Haltung heraus bietet tegut... z.B. folgende Fischarten nicht an:

- Marlin – Haie (inkl. Dornhaie),
- Europäischer Aal – Rochen,
- Wildstör – Papageienfische,
- Blauflossenthunfisch,
- Großenaugenthunfisch,
- Drachenkopf.

Darüber hinaus werden nachhaltige Fischprodukte in der Feinkosttheke mit dem MSC- Logo oder dem Bio-Logo gekennzeichnet, damit Kunden ihre Kaufentscheidung möglichst bewusst treffen können.

In der Kundenzeitschrift „tegut... marktplatz" sowie auf der tegut... Homepage klären wir über die Kriterien und Hintergründe nachhaltiger Fischprodukte und deren Erzeugung auf. Besonderes Engagement legen wir in die Betreuung der Feinkosttheke Fisch und in die Mitarbeiterschulung, die von einem eigens dafür eingesetzten und ausgebildeten Fachberater durchgeführt wird.

Teil 3

Supply Chain

Kriterien der Nachhaltigkeit in den einzelnen Wertschöpfungsstufen – CO_2-Bilanz als Indiz für Nachhaltigkeit?

Dr. Jennifer Teufel (Öko-Institut e.V.)

1. Einleitung

Der vorliegende Beitrag basiert auf einem Vortrag mit gleichem Titel, der von Dr. Jennifer Teufel anlässlich der Fachtagung „Nachhaltiges Management – Sustainability, Supply Chain, Stakeholder" am 11. Mai 2011 in Bonn gehalten wurde.

Die Bereitstellung unserer Ernährung ist mit einer Vielzahl von Umweltbelastungen, aber auch mit nachteiligen sozialen Auswirkungen verbunden. Hochintensive landwirtschaftliche Produktionsformen belasten aufgrund des Pestizid-, Düngemittel- und Maschineneinsatzes Böden und Grundwasser. Intensive Bewässerungsmaßnahmen in Regionen mit geringen Niederschlägen senken den Grundwasserspiegel und gefährden sowohl die menschliche Trinkwasserversorgung als auch die Existenz natürlicher Ökosysteme. Die Umwandlung tropischer Primärregenwälder in Sojafelder für die Produktion von Futtermitteln führt unter anderem zu einem unwiederbringlichen Verlust von Primärwäldern und den an sie gebundenen Tier- und Pflanzenarten, sowie zur Emission von Treibhausgasen. Auch indigenen Kulturen wird dadurch ihr Lebensraum zerstört. Kaffee, Tee, Kakao oder bspw. Bananen, die hierzulande zu Billigpreisen auf den Markt kommen, haben auch negative Auswirkungen auf die sozialen Strukturen in ihren Produktionsländern.

Doch nicht nur die landwirtschaftliche Produktion von Nahrungsmitteln, sondern auch die Weiterverarbeitung, die Verpackung, die Distribution und Lagerung bis hin zur Zubereitung sind mit einer Reihe von Umweltauswirkungen verknüpft. Frischer Fisch oder frischer Spargel werden bspw. aus Afrika bzw. Argentinien nach Europa geflogen, aber auch der „Beaujolais Primeur" wird jedes Jahr im Herbst von Frankreich aus per Flugzeug in alle Welt verteilt (HAVERS, 2008). Die Herstellung von Verpackungen benötigt ebenfalls Energie und verbraucht Ressourcen, wie z.B. Holz oder Erdöl. Die Lagerung und Zubereitung von Nahrungsmitteln gehen mit einem hohen Energieverbrauch einher. Diese Aufzählung von ökologischen und sozialen Folgen der Produktionsketten von Nahrungsmitteln ist nicht erschöpfend. Die genannten Beispiele sollen nur die Vielfalt der Auswirkungen veranschaulichen und deutlich machen, dass für eine umfassende Nachhaltigkeitsbetrachtung von Ernährung die gesamte Produktionskette und alle mit ihr verbundenen sozialen Auswirkungen und Umweltauswirkungen zusammenfassend bewertet werden müssen. Hierzu zählen z.B. die sozialen Auswirkungen in den Anbauländern von Importware, die Belastung der Umwelt mit Schadstoffen, der Wasserverbrauch, die Auswirkungen auf die Biodiversität, der Energieverbrauch, der Verbrauch von fossilen und nachwachsenden Rohstoffen.

2. Gütesiegel mit Nachhaltigkeitsbezug

Im Produktfeld Lebensmittel existieren bereits zahlreiche Gütesiegel mit Nachhaltigkeitsbezug. Die Vergabe der Siegel erfolgt anhand festgeschriebener Nachhaltigkeitskriterien, die regelmäßig aktualisiert werden. Generell sind die existierenden nachhaltigkeitsorientierten Produktkennzeichnungen im Bereich Lebensmittel entweder eher einseitig auf eine ökologische oder auf eine sozial verträgliche Produktion ausgelegt. Die beiden prominentesten Kennzeichnungen hier sind das „EU-Label Ökologischer Landbau"[1] und sein deutsches Äquivalent, das staatliche Bio-Siegel nach

---

1 Im Juni 2007 haben sich die Landwirtschaftsminister der Europäischen Union auf eine vollständige Neufassung der EG-Öko-Verordnung geeinigt. Die als „Verordnung (EG) Nr. 834/2007 des Rates vom 28. Juni 2007 über die ökologische/biologische Produktion und die Kennzeichnung von ökologischen/biologischen Erzeugnissen und zur Aufhebung der Verordnung (EWG) Nr.

EG-Öko-Verordnung. Beide kennzeichnen Lebensmittel, die aus kontrolliert ökologischer Landwirtschaft stammen. Die Kennzeichnung basiert auf den Anforderungen gemäß der EG-Öko-Verordnung (EWG) 834/2007 zum ökologischen Landbau. Darüber hinaus gibt es in Deutschland verschiedene ökologische Anbauverbände, die jeweils über eigene Gütesiegel verfügen. Ihre Mindeststandards gehen meist über die Bestimmungen der EU-Öko-Verordnung hinaus und erfüllen zum Teil auch soziale Mindestkriterien (z.B. Bioland oder Naturland).

Des Weiteren gibt es für Lebensmittel Gütesiegel, die explizit eine faire Produktion der Waren kennzeichnen (z.B. das Fairtrade-Siegel). Der Faire Handel misst im Sinne einer nachhaltigen Entwicklung umweltverträglichen Produktionsweisen eine immer wichtigere Bedeutung zu. Ökologische Mindestanforderungen sind mittlerweile ein wichtiger Bestandteil der Fairtrade-Standards. Die Dachorganisation „Fairtrade Labelling Organizations International (FLO)" fördert biologisch angebaute Produkte mit einem Bioaufschlag. Mittlerweile gibt es daher einige Lebensmittelprodukte, die aus unterentwickelten Ländern importiert werden, die sich sowohl durch eine ökologische als auch durch eine sozialverträgliche Produktion auszeichnen. Ein Großteil der Fairtrade-Produkte trägt daher zusätzlich bereits das Bio-Siegel nach EG Öko-Verordnung oder das Naturland-Zeichen.

Im Zuge der international geführten Diskussion über den Klimawandel gewinnen mittlerweile noch weitere Umwelteffekte, die im Zusammenhang der Produktion von Lebensmitteln stehen und bislang nicht von den oben genannten gut etablierten Lead-Labeln adressiert werden (TEUFEL ET AL., 2010), an Bedeutung. So ist der Ausstoß von klimarelevanten Treibhausgasen, im Zusammenhang mit der in Abbildung 1 dargestellten gesamten Produktkette bzw. ihre Reduktion, Gegenstand von politischen, wissenschaftlichen und anderen gesellschaftlichen Diskussionen.

2092/91" veröffentlichte neue EG-Öko-Verordnung gilt seit dem 01. Januar 2009.

Abbildung 1 Ausstoß von klimarelevanten Treibhausgasen entlang der Produktkette

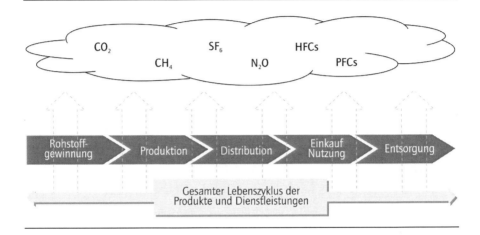

3. Treibhausgasemissionen entlang der Produktkette

Die Landwirtschaft trägt weltweit erheblich zum Klimawandel bei. Verschiedenen Studien zu Folge liegt der Anteil der Landwirtschaft an den globalen Treibhausgasemissionen bei ca. 14 %. Berücksichtigt man zusätzlich die Treibhausgasemissionen, die global betrachtet durch Umwandlung von Wald zu Ackerland oder Weiden (sogenannte Treibhausgasemissionen aus Landnutzungsänderungen) entstehen, erhöht sich der Anteil auf mehr als ein Drittel.

Es ist zu erwarten, dass der Anteil der Landwirtschaft an den globalen Treibhausgasemissionen vor allem aufgrund der weiteren Ausweitung von landwirtschaftlichen Flächen bzw. auch aufgrund des global steigenden Fleischkonsums weiter zu nimmt. Auch die erwartete Steigerung der globalen Flächen-Produktivität kann aufgrund des erhöhten Energieeinsatzes in Form eines erhöhten Maschineneinsatzes oder dem Einsatz von Hilfsmitteln (Düngemittel sowie Pflanzen- und Bodenhilfsstoffe), deren Produktion energieintensiv ist, dazu beitragen, dass dieser Anteil noch weiter zunimmt. Außerdem hat in den letzten Jahren der Luftfrachttransport von Lebensmitteln stetig zugenommen (HAVERS, 2008). Da Luftfrachttransporte vor allem über große Distanzen mit einem erheblichen Ausstoß an Treibhausgasen behaftet sind, ist auch diese Entwicklung kritisch zu betrachten.

Der inländische Beitrag von Landwirtschaft und Ernährung in Deutschland liegt verschiedenen Studien zu Folge bei rund 15 % (QUACK, 2007; SCHÄCHTELE/HERTLE, 2007; WIEGMANN ET AL., 2005). Bei einer Bereinigung der Zahlen um Import und Export, sowie durch die Berücksichtigung aktueller Landnutzungsänderungen, die bspw. durch den Anbau bzw. Zucht von importierten Futtermitteln oder subtropischen Produkten, wie Kakao, Palmöl oder Garnelen, entstehen, würde der Anteil der Landwirtschaft und Ernährung an den nationalen Treibhausgasemissionen vermutlich deutlich höher liegen.

Um die globale Erwärmung auf etwa 2°C zu begrenzen, bedarf es einer Reduktion der globalen Pro-Kopf-Emissionen/Jahr bis 2050 auf rund 1,5-2,0 t CO_2e. Die derzeitige Pro-Kopf-Emission/Jahr in Deutschland beträgt ca. 11 t CO_2e (SCHÄCHTELE/HERTLE, 2007), der Anteil von Landwirtschaft und Ernährung liegt bei rund 1,7 t CO_2e und damit so hoch wie der Zielwert 2050 der pro-Kopf-Treibhausgas-Emissionen des gesamten Konsums. Das heißt, dass auch in den Sektoren privater Konsum inklusive dem Handlungsfeld „Ernährung und Landwirtschaft" eine erhebliche Reduktion der Treibhausgas-Emissionen erfolgen muss.

Bei der Identifikation von Minderungsmaßnahmen von Umweltauswirkungen ist es unerlässlich, den gesamten Lebensweg eines Produktes bzw. einer Dienstleistung zu betrachten (QUACK ET AL., 2007). Die derzeitigen verfügbaren Studien, die die Klimaauswirkungen von Lebensmitteln untersuchen, betrachten jedoch schwerpunktmäßig nur die landwirtschaftliche Produktion und Lagerung von Produkten und nicht deren vielfältige industrielle, gewerbliche sowie häusliche Weiterverarbeitungsmöglichkeiten (TEUFEL ET AL., 2010), so dass Handlungsempfehlungen bislang auch nicht für die gesamte Produktionskette entwickelt werden können.

4. Product Carbon Footprint als Instrument

Basis für jegliche Form der Optimierung der Klimawirkungen ist die Erfassung der emittierten Treibhausgasemissionen, z.B. die Aufnahme der Emissionen eines Produktes entlang der gesamten Produktkette (Product Carbon Footprint[2]).

Unsere Erfahrungen zeigen, dass die Erfassung der Treibhausgasemissionen von Produkten folgende **Vor-** und **Nachteile** für Unternehmen (und Verbraucher) birgt:

- Die Gewinnung einer recht genauen Kenntnis, wo im Lebensweg der Produkte bzw. entlang der Wertschöpfungsketten die meisten Emissionen entstehen (Identifizierung besonders emissionsreicher Phasen und besonders hoher oder leicht zu realisierender Reduktionspotenziale).

---

[2] Der Begriff Product Carbon Footprint wird international unterschiedlich definiert und verwendet. Dies gilt auch für gesetzliche Vorschriften. So werden etwa bei der Angabe der CO_2-Emission pro km von Pkw erstens nur die Emission von CO_2 und nicht die von Treibhausgasen angeben und zweitens nicht die Emissionen der Vorketten zur Bereitstellung von Benzin oder Diesel.
Im vorliegenden Papier wird folgende Definition zugrunde gelegt: „Der Product Carbon Footprint („CO_2-Fußabdruck") bezeichnet die Bilanz der Treibhausgas-Emissionen entlang des gesamten Lebenszyklus eines Produkts in einer definierten Anwendung und bezogen auf eine definierte Nutzeinheit." Dabei werden als Treibhausgas-Emissionen all diejenigen gasförmigen Stoffe verstanden, für die vom Weltklimarat IPCC ein Koeffizient für das Treibhauspotenzial (THP; engl.: Global Warming Potential = GWP) definiert wurde. Der Lebenszyklus eines Produktes umfasst dabei die gesamte Wertschöpfungskette: von Herstellung und Transport der Rohstoffe und Vorprodukte über Produktion und Distribution bis hin zur Nutzung, Nachnutzung und Entsorgung. Der Begriff Produkt steht als Oberbegriff für Waren und Dienstleistungen.

- Vermeidungs- und Verminderungsmaßnahmen können daraufhin zielgerichtet geplant und effektiver umgesetzt werden.
- Die Kenntnisse über bestimmte Produktionsprozesse nehmen zu, Kosteneinsparungen werden nebenbei erkannt.
- Ein transparent dokumentierter PCF schafft zudem eine stabile Grundlage für eine gezielte Kommunikation der Klimaverträglichkeit eines Produktes (zur Förderung eines klimaverträglichen Konsums bzw. KonsumentInnenverhaltens).
- Die Ableitung konkreter Handlungsempfehlungen für den Verbraucher wird möglich.
- Die Erfassung von Daten für den PCF kann zum Teil mit einem hohen Arbeitsaufwand in den Unternehmen verbunden sein. Nicht immer kann im Vorfeld abgewogen werden, welche Abschnitte des Produktlebenswegs besonders relevant für die Treibhausgasbilanzierung sind.

In der internationalen Debatte werden neben einer unternehmensinternen Optimierung jedoch noch weitere Ziele für die Erstellung von PCF formuliert, wie etwa die numerische Ermittlung des CO_2e-Werts für CO_2e-Labels, die steuerliche Begünstigung von Bio-Kraftstoffen oder der Vergleich unterschiedlichster Produkte in einem Handels-Sortiment. Mit der jeweiligen Zielsetzung und der damit verknüpften Rahmensetzung (Scoping) werden aber gleichzeitig Anforderungen an die Erfassungsmethodik gestellt (GRIEßHAMMER/HOCHFELD, 2009).

Produktvergleiche vieler Produkte, die im Auftrag unterschiedlicher Auftraggeber und von unterschiedlichen Bearbeitern durchgeführt werden, stellen die Methodik und Kommunikation vor erhebliche Herausforderungen. Während die Produkt-Ökobilanzen üblicherweise von einem Auftraggeber beauftragt und von einem Bearbeiter durchgeführt wurden, sollen nun Produkt-Ökobilanzen bzw. Product Carbon Footprints unterschiedlichster Herkunft verglichen werden können und auch noch bei einer wettbewerbsrechtlichen Auseinandersetzung Bestand haben. Hierfür bedarf es einer internationalen Standardisierung und Harmonisierung der bislang praktizierten PCF-Bilanzierungspraktiken.

Aufgrund des derzeitigen Stands der methodischen Entwicklung bzw. aufgrund der Tatsache, dass es derzeit keine ausreichenden internationalen Absprachen bzw. Harmonisierungen der Methoden gibt, aber auch aufgrund einer unzureichenden Datenbasis, unzureichendem Datenzugang und fehlenden produktgruppenspezifischen Bilanzierungsregeln (sogenannten „Product Category Rules") kann derzeit kein öffentlicher und wettbewerbsrechtlich haltbarer Vergleich mit Konkurrenzprodukten (z.B. durch Ausweisung von CO_2e-Werten oder CO_2e-Label) durchgeführt werden. Frühestens Juli 2012 bzw. Ende des Jahres 2011 ist damit zu rechnen, dass der international verbindlich Standard (ISO 14067.1 und 2) bzw. harmonisierte Richtlinien (GHG Product Protocol) existieren werden. Bis zu diesem Zeitpunkt wird es über die Ökobilanznorm ISO 14040 ff. hinaus keine Methodenkonvention geben, die international verbindlich anerkannt ist. Man wird daher nicht verhindern können, dass das methodische Vorgehen beim Product Carbon Footprint und den zahlreich zu erwartenden Fallstudien nicht einheitlich sein wird. An verschiedenen Beispielen (z.B. der Einbezug von Landnutzungsänderungen, verschiedene Annahmen zum Verbraucherverhalten) kann gezeigt werden, wie sich verschiedene Annahmen auf den PCF von Lebensmitteln auswirken.

Dennoch ist es sinnvoll, den PCF von Lebensmitteln zu bestimmen und Optimierungspotenziale beim Anbau, bei der Verarbeitung, bei Transporten, Lagerung oder Zubereitung abzuleiten und zu realisieren. Eine entsprechende Ableitung von Optimierungspotenzialen hinsichtlich des Klimaschutzes sollte jedoch immer unter Berücksichtigung weiterer relevanter Nachhaltigkeitsziele erfolgen.

Literatur

[1] GRIEßHAMMER, R./HOCHFELD, C. (2009): Memorandum Product Carbon Footprint. Positionen zur Erfassung und Kommunikation des Product Carbon Footprint für die internationale Standardisierung und Harmonisierung. BMU, UBA, Öko-Institut e.V. (Hrsg.), http://www.bmu.de/files/pdfs/allgemein/application/pdf/memorandum_pcf_lang_bf.pdf.

[2] HAVERS, K. (2008): Die Rolle der Luftfracht bei Lebensmitteltransporten, Öko-Institut, Berlin.

[3] QUACK ET AL. (2007): Stoffstromanalyse relevanter Produktgruppen. Energie- und Stoffströme der privaten Haushalte in Deutschland im Jahr 2005. Teilprojekt „EcoTopTen – Innovationen für einen nachhaltigen Konsum (Hauptphase)", Öko-Institut e.V..

[4] SCHÄCHTELE, K./HERTLE, H. (2007): Die CO_2-Bilanz des Bürgers. Recherche für ein internetbasiertes Tool zur Erstellung persönlicher CO_2-Bilanzen. Studie im Auftrag des Umweltbundesamtes. Förderkennzeichen 206 42 110.

[5] TEUFEL, J./RUBIK, F./SCHOLL, G./STRATMANN, B./GRAULICH, K./KONRAD, W./MANHART, A. (2010): Untersuchung zur möglichen Ausgestaltung und Marktimplementierung eines Nachhaltigkeitslabels zur Verbraucherinformation. Endbericht zum Forschungsvorhaben im Auftrag des BMELV, 2010, http://service.ble.de/fpd_ble/idex2.php?detail_id=955&site_key=145&stichw_suche=Nachhaltigkeitslabel&zeilenzahl_zaehler=2.

[6] TEUFEL, J./BROMMER, E./GATTERMANN, M./STRATMANN, B. (2010): Grobscreening zur Typisierung von Produktgruppen im Lebensmittelbereich in Orientierung am zu erwartenden CO_2e-Fußabdruck. Endbericht für die Landesanstalt für Natur, Umwelt und Verbraucherschutz Nordrhein-Westfalen, 2010. http://www.lanuv.nrw.de/veroeffentlichungen/fachberichte/fabe29/fabe29start.htm.

[7] WIEGMANN, K./EBERLE, U./FRITSCHE, U./HÜNECKE, K. (2005): Umweltauswirkungen von Ernährung, Stoffstromanalysen und Szenarien. Diskussionspapier Nr. 7. Öko-Institut e.V., http://www.ernaehrungswende.de/fr_ver.html.

Welche Bedeutung hat Animal Welfare im Zusammenhang mit Nachhaltigkeit?

Prof. Dr. Eberhard Haunhorst (Niedersächsisches Landesamt für Verbraucherschutz und Lebensmittelsicherheit)

1. Einleitung

Im Tierschutzgesetz der Bundesrepublik Deutschland ist die Verpflichtung des Menschen zum Schutz von Tieren verankert. „Niemand darf einem Tier ohne vernünftigen Grund Schmerzen, Leiden oder Schäden zufügen" (§ 1 Satz 2 des Tierschutzgesetzes). Im Tierschutzgesetz werden Anforderungen an die Zucht und Haltung von Tieren ebenso festgelegt wie Regelungen für den Handel mit Tieren. Weitere wichtige Aspekte des Tierschutzes sind Anforderungen an das Töten und Schlachten sowie für den Transport von Tieren.

Wer ein Tier hält, betreut oder zu betreuen hat,

- muss das Tier seiner Art und seinen Bedürfnissen entsprechend angemessen ernähren, pflegen und verhaltensgerecht unterbringen,
- darf die Möglichkeit des Tieres zu artgemäßer Bewegung nicht so einschränken, dass ihm Schmerzen oder vermeidbare Leiden oder Schäden zugefügt werden,
- muss über die für eine angemessene Ernährung, Pflege und verhaltensgerechte Unterbringung des Tieres erforderlichen Kenntnisse und Fähigkeiten verfügen (nach § 2 des Tierschutzgesetzes). Dieses gilt für Heimtiere ebenso wie für Nutztiere.

Die Nutztierhaltung ist ein wesentliches Standbein der Landwirtschaft in Deutschland. Vor dem Hintergrund einer ständig wachsenden Agrar- und Ernährungswirtschaft gewinnt das Thema Tierschutz eine immer größere Bedeutung. Der Strukturwandel und die weitgehende Industrialisierung der Landwirtschaft, mit immer größer werdenden Beständen an Nutztieren und einer immer höheren Wertschöpfung und Veredelung, erfordern ein hohes Augenmerk auf die Folgen für die Tiergesundheit und den Tierschutz.

Abbildung 1 zeigt am Beispiel der Schweinehaltung die Entwicklung der Gesamtzahlen an Tieren (zunehmend) bei gleichzeitiger Abnahme der Schweinehaltungsbetriebe (immer mehr Tiere in weniger Betrieben).

Abbildung 1   Entwicklung der Schweinehaltung in Niedersachsen

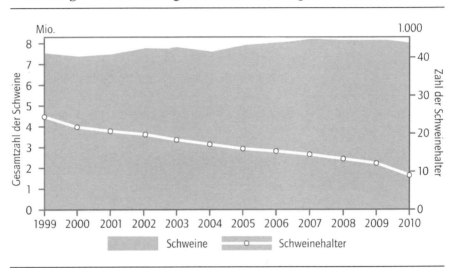

Quelle: Landesbetrieb für Statistik und Kommunikationstechnologie Niedersachsen (LSKN)

Parallel dazu zeigt sich national als auch international eine verstärkte Diskussion um das Thema Nachhaltigkeit. Die Verantwortung von Unternehmen hinsichtlich der Nachhaltigkeit ist derzeit eine dominierende Fragestellung in der Ernährungswirtschaft.

Auch das Bewusstsein des heutigen Verbrauchers verändert sich stetig und zeigt eine starke Tendenz zum Kauf und Konsum „nachhaltig produzierter Lebensmittel".

Das Thema Nachhaltigkeit betrifft im Rahmen einer ganzheitlichen Sichtweise sowohl

- die ökonomische,
- die ökologische und
- die soziale Betrachtungsebene.

Man spricht auch vom 3-Säulen-Modell der Nachhaltigkeit oder dem triple bottom line-Verständnis.

Das Hauptziel des ökologischen Nachhaltigkeitskonzeptes ist die Erhaltung der natürlichen Ressourcen. Damit verbunden ist neben anderen, die Bewahrung der Arten- und Landschaftsvielfalt, die Nutzung umweltverträglicher Produktionsverfahren und als weiterer wesentlicher Aspekt, die Sicherung des Tierschutzes – Animal Welfare.

Tierschutz unterstützt eine nachhaltig ausgerichtete Landwirtschaft, indem er einen entscheidenden Beitrag zur Schonung natürlicher Ressourcen leistet (Futter, Wasser, Boden, Luft und Energie). In Zusammenhang mit einem nicht nur für Landwirtschaft wichtigen, nachhaltigen Umweltschutz (Stichwort Klimaveränderungen), ist auch die Emission von Kohlendioxid, Methan und Ammoniak relevant.

Eine nachhaltig orientierte und tierschutzgerechte Tierhaltung muss zukünftig das Ziel haben, qualitativ hochwertige tierische Produkte mit weniger Tieren in artgerechter Haltung zu erzeugen. Hierzu ist es von entscheidender Bedeutung, vorrangig die Tiergesundheit zu verbessern und die Tierverluste zu verringern, um so die Lebensleistung zu steigern und den Einsatz von Arzneimitteln zu reduzieren. Denn jedes verendete oder vorzeitig geschlachtete Tier hat unnötig Ressourcen verbraucht bzw. Emissionen verursacht. Eine Verbesserung der Tiergesundheit und eine Verringerung der Tierverluste ist in erster Linie durch mehr Tierschutz in der Tierhaltung zu erreichen.

Eine Intensivtierhaltung bedeutet in diesem Zusammenhang nicht automatisch einen schlechteren Tierschutz. Die Agrar- und Lebensmittelproduktion ist jedoch nur dann nachhaltig, wenn Tierschutzmaßnahmen nach neuesten wissenschaftlichen Erkenntnissen eingehalten werden. So ist Animal Welfare als wesentlicher Aspekt einer ganzheitlichen Nachhaltigkeitsstrategie für Unternehmen der Agrar- und Ernährungsindustrie nicht mehr wegzudenken. Auch für die Verbraucherakzeptanz sind Tierschutz und transparente Produktion von großer Bedeutung.

2. Aspekte des Tierschutzes im Agrar- und Food-Bereich

Die intensive Nutztierhaltung birgt ein potenziell größeres Risiko für das gehäufte Auftreten von Erkrankungen und anatomischen Veränderungen bei den Tieren (z.B. Fußballenveränderungen bei Masthühnern, Brustblasen und Beinschwäche bei Puten, veränderte Klauen bei Schweinen und Milchkühen etc.) und macht oftmals einen höheren (legalen) Arzneimitteleinsatz erforderlich. Darüber hinaus begünstigen hohe Populationsdichten in der Nutztierhaltung die rasche Ausbreitung auftretender Tierseuchen (z.B. Geflügelpest, Maul- und Klauenseuche, Schweinepest, ...) und erfordern im Ausbruchsfall die Tötung oftmals großer Mengen an Tieren in kürzester Zeit (LPAI 2008/2009: Tötung von 618.000 Puten in Niedersachsen).

Zur Verbesserung des Tierschutzes

- muss die **Einhaltung der gesetzlich vorgeschriebenen Tierschutzmaßnahmen** verstärkt kontrolliert werden,
- **Zuchtziele** verändert werden,
- der **Arzneimitteleinsatz** reduziert werden,

- die **Haltungsbedingungen** verbessert werden,
- die **Definition von Wachstum im Sinne einer Nachhaltigkeitsstrategie** verändert werden (Wachstum → höhere Preise für weniger Tiere mit guter Qualität).

3. Wie wird Animal Welfare umgesetzt – Beispiel Niedersachsen

In Niedersachsen ist damit begonnen worden, den Tierschutzaspekt in der Agrar- und Lebensmittelproduktion verstärkt in den Fokus zu stellen.

Dazu hat die niedersächsische Landesregierung im April 2011 die Umsetzung des sog. Tierschutzplanes beschlossen, der die Umsetzung von insgesamt 38 Maßnahmen in zwölf Tiergruppen bis zum Jahr 2018 vorsieht.

Zum Tierschutzplan gehört bspw. die Einführung von Tierschutzindikatoren bei Mastgeflügel (Fußballengesundheit und Antibiotikagabe), der Verzicht auf das Schnabelkürzen bei Puten und Legehennen, die Prüfung der Selektion auf schnellwüchsige Rassen bei Masthühnern, der Verzicht auf Kastration ohne Betäubung bei Ferkeln und die Untersagung des Kupierens der Schwanzspitzen bei Schweinen und schließlich die Einführung eines Tierschutzlabels bis 2014.

Seit seiner Gründung im Jahr 2001 hat das LAVES hat mit der Etablierung eines Fachdezernates Tierschutz den Tierschutz besonders in den Vordergrund gestellt. Zu den Hauptaufgaben dieser Fachabteilung zählen:

- Beratung der Veterinärbehörden in Tierschutzfragen,
- Erarbeitung von Leitlinien für Tierhaltungen,
- gutachterliche Stellungnahmen,
- Zusammenarbeit mit Tierschutzorganisationen,
- Durchführung von Feldstudien und Pilotprojekten,
- Genehmigung von Tierversuchen.

Neben der Umsetzung des Tierschutzplanes des Niedersächsischen Landwirtschaftministeriums, einschließlich der angestrebten Einführung des Tierschutzlabels, ist die Umsetzung der Tierschutzleitlinien des LAVES für Nutztiere (Tierschutzleitlinien Schweine, Weidehaltung von Schafen, Milchkuhhaltung) ein entscheidender Eckpfeiler für den Tierschutz im Bundesland Niedersachsen (Abbildung 2).

Abbildung 2   Tierschutzleitlinie für die Milchkuhhaltung

Quelle: Tierschutzdienst Nds. Landesamt für Verbraucherschutz und Lebensmittelsicherheit (LAVES)

4. Zusammenfassung

Aus der Verantwortung für das Tier als Mitgeschöpf hat der Mensch dessen Leben und Wohlbefinden zu schützen. Wichtige Aspekte des Tierschutzes sind neben der artgemäßen Haltung von Tieren auch deren Transport sowie die Tötung und Schlachtung.

Die Verantwortung für den Tierschutz tragen die produzierenden Unternehmer und Landwirte, die Politik und Verbände, aber auch die Verbraucher, deren Kaufentscheidung über die Haltungsbedingungen der Tiere mitbestimmt. Umgekehrt sind Tierschutz und transparente Produktion wiederum wichtige Kriterien für die Verbraucherakzeptanz.

Zunehmend bedeutsam in der ständig wachsenden Agrar- und Ernährungswirtschaft ist das Thema Nachhaltigkeit, d.h. **Animal Welfare** ist ein wesentlicher Aspekt einer ganzheitlichen Nachhaltigkeitsstrategie. Nur wenn der Tierschutz gewährleistet ist, können die vorhandenen Ressourcen optimal ausgenutzt und auf lange Sicht erhalten werden. Die Agrar- und Lebensmittelproduktion ist nur dann nachhaltig, wenn Tierschutzmaßnahmen nach neuesten wissenschaftlichen Erkenntnissen eingehalten werden.

Der **Nachhaltigkeitsaspekt** ist gerade in einer stetig wachsenden Agrarregion wie Niedersachen mit intensiver Nutztierhaltung und Veredelungswirtschaft wichtig. Die **Qualität und Sicherheit** der Produktion und Produkte muss im Wettbewerb (weltweit) konkurrenzfähig sein und Vorrang haben vor Quantität.

Was haben Welthunger, Tiergesundheit und Tierschutz mit Nachhaltigkeit zu tun?

Prof. Dr. Thomas Blaha (Stiftung Tierärztliche Hochschule Hannover)

1. Lebensmittelproduktion

Die Produktion von Lebensmitteln ist schon seit langem und heute ganz besonders einer der sehr „sensiblen" Bereiche des öffentlichen Diskurses. Der bedeutende Sozialökonom und Philosoph ADAM SMITH hat schon Mitte des 18. Jahrhunderts die Auffassungen der Gesellschaft zur Landwirtschaft und zu den Nahrungsmitteln in einer „erstaunlichen Nähe zur Religion" gesehen. Die Verfügbarkeit von Lebensmitteln war in der Vergangenheit, insbesondere in Zeiten von ständigen Kriegen, gleichbedeutend mit dem Überleben von Gesellschaften, wodurch der Wunsch nach Selbstversorgung oberste Priorität hatte. Auch darf nicht übersehen werden, dass die Effizienz der landwirtschaftlichen Nahrungsmittelproduktion die wichtigste Determinante für die Entstehung von Kultur und Technologien in den sich entwickelnden Zivilisationen darstellte: je weniger Menschen einer Population in der Lage sind, die anderen Menschen der jeweiligen Population mit Nahrungsmitteln zu versorgen, umso mehr freie Valenzen existieren für die Entwicklung von Kunst, Literatur, Gesundheitswesen, technischen Errungenschaften und den diversen Einrichtungen des Gemeinwohls, die in ihrer Gesamtheit den Lebensstandard von Gesellschaften bestimmen. Diese Tatsache hat gemeinsam mit dem Bevölkerungszuwachs und der sich beschleunigenden Urbanisierung dazu geführt, dass über viele Jahrhunderte bis zu den 70er/80er Jahren des letzten Jahrtausends die Quantität der zur Verfügung stehenden Lebensmittel im Vordergrund stand. Das heißt, dass die effiziente Produktion von Nahrungsmitteln zu immer „erschwinglicheren" Preisen im gesellschaftlichen Konsens ausdrücklich begrüßt wurde, der landwirtschaftliche Beruf hoch geachtet war, und die privatwirtschaftliche wie staatlich geförderte Forschung sich diesem Ziel verpflichtet hatte.

Im Gegensatz zu den Entwicklungs- und Schwellenländern, ist dieses Quantitätsdenken in den entwickelten Industrieländern, in denen mittlerweile die Generationen überwiegen, die niemals Hunger oder Nahrungsmittelmangel erlebt haben und eigentlich nur Überfluss von Lebens- und Genussmitteln aus aller Welt kennen, durch ein ausgeprägtes Qualitätsdenken und eine zunehmende kritische Hinterfragung der Produktionsweisen und ihrer Konsequenzen ersetzt worden. Während dies zwar die gesamte Landwirtschaft betrifft, wobei bei der Kritik und Infragestellung insbesondere die Schonung der Ressourcen und der Umwelt im Vordergrund stehen, kommen bei der Erzeugung von Lebensmitteln tierischer Herkunft wachsende Anforderungen an den Tierschutz und ethische Bedenken einschließlich der Frage nach der Würde der Tiere hinzu. Während vor nur wenigen Jahren kein Verbraucher auf die Idee gekommen wäre, an der Fleischtheke Fleisch aus Haltungen mit einem vorbildlichen Tierschutzstandard nachzufragen, hat eine Studie der Universität Göttingen Anfang 2010 ergeben, dass mittlerweile rund 20 % der Verbraucher die übliche landwirtschaftliche Praxis kritisch bewerten und grundsätzlich bereit sind, für Fleisch und Fleischprodukte aus besonders tiergerechter Haltung mehr zu bezahlen. Die Bemühungen der EU-Kommission, auf europäischer Ebene ein „Animal-Welfare-Labels" einzuführen, sind somit in zunehmendem Maße eine Chance für die Fleischbranche (Erzeugerkette vom Tierbestand bis zur Fleischtheke), sich von einem auf Preise konzentrierten Marketing hin zu einem differenzierten Qualitätsmarketing zu entwickeln.

2. Nachhaltigkeit der Produktion von Lebensmitteln tierischen Ursprungs

Das „Gesamtpaket" der heutigen gesellschaftlichen Erwartungen und Anforderungen an die Produktion von Lebensmitteln hat zwar viele unterschiedlichen Facetten, aber die mehr oder weniger alles umfassende Forderung ist die nach der Nachhaltigkeit der Produktion der Lebensmittel auf allen Stufen der Produktionskette. Dabei ist es wichtig zu wissen, dass heute der Begriff der Nachhaltigkeit weit über die so genannte „Brundtland-Deklaration" der UNO von 1986 hinausgeht. Nach dieser Definition ist Nachhaltigkeit nämlich „nur", wenn die Bedürfnisbefriedigung der gegenwärtigen Generationen nicht die Befriedigung der Bedürfnisse der kommenden Generationen kompromittiert. Während diese damals revolutionäre Definition in erster Linie die Schonung der Ressourcen für die Zukunft und den Schutz der Umwelt im Blick hatte, wird heute Nachhaltigkeit sehr viel komplexer gesehen, wobei menschliches Handeln nicht nur kommende Generationen nicht benachteiligen soll, sondern prinzipiell „dritte Parteien" in die ethischen Überlegungen mit einbezogen werden sollen. Das bedeutet, dass das Ziel „Nachhaltigkeit" auch das Recht aller heute lebenden Menschen auf ausreichend nahrhafte, gesunde, sichere und erschwingliche Lebensmittel beinhaltet (UNO: „Food Security for all people"), genauso, wie es die Pflicht des Menschen umfasst, bei der Nutzung von Tieren (die auch eine „dritte Partei" sind) dafür zu sorgen, dass diesen keine Schäden, Schmerzen und Leiden zugefügt werden, und ihnen ein tiergerechtes Leben ermöglicht wird.

Der aus diesen gesellschaftlichen Forderungen resultierende hohe und komplexe Anspruch an die Produktion von Nahrungsmitteln bedeutet auch, dass zur Bewahrung der Ressourcen, zum Schutz der Umwelt, zur Schaffung sozialer Gerechtigkeit und zur Gewährung eines hohen Tierschutzstandards eine hohe Wirtschaftlichkeit erreicht werden muss, damit man sich die so umfangreich definierte Nachhaltigkeit auch „leisten" kann.

3. Tiergesundheit und Tierschutz

Eine hohe Wirtschaftlichkeit und ein hoher Tierschutzstandard können nur erreicht werden, wenn die für die Lebensmittelproduktion gehaltenen Tierbestände über einen hohen Tiergesundheitsstatus verfügen. Dabei geht es sowohl um die seuchenhaften („epidemischen"), d.h. die melde-, anzeige- und bekämpfungspflichtigen Erkrankungen, als auch um die nicht seuchenhaften, multifaktoriellen („endemischen") Krankheitskomplexe des Tieres. Dass der Verhütung und, im Falle eines doch nicht verhinderten Ausbruchs, schnellen Bekämpfung von seuchenhaften Erkrankungen aller oberste Priorität im Sinne einer professionellen Tiergesundheitsstrategie einzuräumen ist, bedarf im Prinzip keiner besonderen Erwähnung. Es soll aber trotzdem unterstrichen werden, dass insbesondere im Licht der zunehmenden Globalisierung und der Tatsache, dass die deutsche Schweinefleischproduktion zu einem Exportbranche geworden ist, der „Biosecurity" auf Betriebsebene, also den Bestimmungen der Schweinehaltungshygiene-Verordnung (SchwHaltHyg-V) tagtäglich, also auch in seuchenfreien „Friedenszeiten" größte Aufmerksamkeit zu widmen ist. Verglichen mit den wirtschaftlichen Schäden durch lang anhaltende Exportsperren, sind die finanziellen Einbußen durch seuchenbedingte Verendungen, Keulungen, Belegungssperren und Reinigungs- und Desinfektionsmaßnahmen möglicherweise eher als gering anzusehen. Im Sinne eines „professionellen Tiergesundheitsmanagements" soll hier darauf hingewiesen werden, dass die Ende der 90er Jahre des letzten Jahrhunderts aufgestellten Regeln der SchwHaltHyg-V noch stark von den früher üblichen, auf fast ausschließlich auf Betriebsgröße orientierten Risikovorstellungen geprägt sind. Aus der wissenschaftlichen Sicht des Epidemiologen geht von einem kleineren Betrieb mit Auslauf kein geringeres Risiko für die Einschleppung z.B. des Schweinepestvirus aus der Wildschweinepopulation aus als von einem größeren Betrieb mit Auslauf. Es ist dringend erforderlich, dass in einer konzertierten Aktion von Tierhaltern, Tierärzten (amtlichen wie praktizierenden), Tierseuchenkassen, dem QS-System und einschlägigen wissenschaftlichen Einrichtungen die bisher nur in Ansätzen existierenden Tierseuchen-Risikoklassifikationen weiterentwickelt werden, die sich nicht auf die Betriebsgröße, sondern auf die in der Betriebsorganisation und im Betriebsmanagement begründeten Risiken der Einschleppung und Weiterverbreitung von Erregern epidemisch sich ausbreitender Erkrankungen konzentrieren.

Einen in der Regel ökonomisch unterschätzten Schadenskomplex bilden die durch die endemisch in den Beständen immer wieder auftretenden Erkrankungen verursachten Verendungen und Minderleistungen. Global gesehen ist das durch diese Tiergesundheitsdefizite verlorengegangene Volumen an tierischem Eiweiß, das zwar Futtermittel und Wasser „verbraucht" hat, aber der menschlichen Ernährung nicht zur Verfügung steht, weit höher als allgemein angenommen wird. Die FAO schätzt den weltweiten Schaden durch die endemischen, multifaktoriellen Tierkrankheiten auf ca. 30 % vom möglichen Produktionsumfang. Addiert man die Auswirkungen der seuchenhaften Erkrankungen (Liste A des OIE[1]) und die in vielen Teilen der Welt genutzten Tierrassen mit suboptimalen Produktionsleistungen hinzu, so kann man durchaus von einer „Verschwendung" von bis zu 50 % der als Futtermittel eingesetzten Nährstoffe ausgehen, was ja im Umkehrschluss auch bedeutet, dass schon heute ohne drastische zusätzliche Futtermittelproduktion doppelt so viele Menschen mit tierischem Eiweiß versorgt werden könnten, wenn man die Verluste vermeiden könnte.

Eng mit der Tiergesundheit, insbesondere mit den endemischen Erkrankungen verknüpft ist die Menge der jährlich eingesetzten Antibiotika in der Tierhaltung, da diese der Hauptgrund für die immer noch weit verbreitete antibiotische Metaphylaxe sind. WHO und FAO, aber auch einzelne Länder wie die skandinavischen Länder, Großbritannien und erst vor kurzem die Niederlande haben begonnen, konkrete Forderungen zum Einsatz von antimikrobiell wirksamen Substanzen in der Nutztierhaltung zu stellen. Dabei geht es nicht mehr nur noch um den ordnungsgemäßen Einsatz von Antibiotika (siehe die „Leitlinien für den sorgfältigen Umgang mit

---

1 OIE: Office International des Epizooties (Weltorganisation für Tiergesundheit)

antimikrobiell wirksamen Substanzen" der Bundestierärztekammer [BTK] und der Arbeitsgemeinschaft der Leitenden Veterinärbeamten [Arge-VET]), sondern um die **Senkung der Menge der Antibiotika**, die in der Tierhaltung erforderlich sind, um immer wiederkehrende bzw. akut auftretende Infektionskrankheiten „in den Griff zu bekommen" bzw. zu therapieren. Bei den Ausschreibungen von Forschungsförderungen der EU werden Projekte, die Lösungen zur Senkung der Abhängigkeit der Tierhaltung vom ständigen Antibiotikaeinsatz (to minimize the reliance on antibiotics) besonders berücksichtigt. In den nördlichen Skandinavischen Ländern (Schweden, Finnland und Norwegen) gilt schon seit längerem das Verbot, Tierarzneimittel über dem Einkaufspreis an den Tierhalter zu verkaufen, in Dänemark können Tierärzte für Schweinebestände Antibiotika nur noch per Rezept verschreiben, und im August 2009 hat das Niederländische Parlament den Landwirten und Tierärzten eine zehn- bis zwanzigprozentige Senkung der in der Tierhaltung eingesetzten Antibiotika „verordnet" und angekündigt, dass bei Nichterreichung dieses Zieles gesetzliche Maßnahmen ergriffen werden. Dass sich die Reihe dieser bereits umgesetzten und angekündigten Maßnahmen zur schrittweisen Senkung der Antibiotikagaben in der Nutztierhaltung (es sind nicht nur Schweinebestände gemeint) durch die im Schweizer Parlament heftig geführte Debatte um das so genannte Dispensierrecht des Tierarztes fortsetzt, zeigt, wie ernst die Verantwortlichen für die öffentlichen Gesundheit in den Ländern Europas das Problem des verantwortungsvollen Umgangs mit der so wertvollen „Waffe" des Menschen gegen die bakterielle Erkrankungen bei Mensch und Tier nehmen, die ja im Interesse der Nachhaltigkeit den kommenden Generationen gleichermaßen wie uns Heutigen zur Verfügung stehen soll.

Die aufgezeigten Veränderungen in der Agrar- und Ernährungswirtschaft in den letzten zwei Jahrzehnten, die sich konsequent weiter entwickeln werden, und die daraus resultierenden Konsequenzen fügen der traditionellen Rolle des Tierarztes als „Heiler" von Erkrankungen der Tiere eine stetig steigende Anzahl von neuen Tätigkeitsfeldern in der Tierhaltung und der vor- und nachgelagerten Lebensmittelerzeugungskette hinzu. Es kommt zu einer starken Verlagerung der Erwartungen des professionellen

Tierhalters an den Tierarzt: Von der sporadischen kurativen Tätigkeit ausgelöst durch das Auftreten von Erkrankungen, d.h. vom „Reparaturprinzip", hin zur Übernahme der kontinuierlichen und vertraglich mit dem Tierhalter vereinbarten Tiergesundheitspflege der Tierbestände, d.h. zum „Wartungsprinzip". Darüber hinaus wird der Landwirt, der in zunehmendem Maße fest in definierte vertikale Lebensmittelproduktionsketten (ganz gleich, ob in global agierende oder regional produzierende) eingebunden ist, den Tierarzt damit beauftragen, ihn bei der Erfüllung der wachsenden Anforderungen der Abnehmer seiner Produkte (Lebensmittelsicherheit und Qualität), aber auch der Gesellschaft (Tierschutz, Umwelt und Ressourcen) zu unterstützen. Damit stehen dann immer mehr planbare und standardisierbare Aufgaben wie kontinuierliche Monitorings zur Charakterisierung und Zertifizierung eines definierten Gesundheitsstatus der tierärztlich betreuten Tierbestände (z.B. „Ferkelpässe") im Vordergrund. Dabei sind lebensmittelassoziierte Gesundheitsgefährdungen für den Menschen und Zoonosenerreger wie Salmonellen, Toxoplasmen, Trichinellen und MRSA, aber auch Rückstände und bakterielle Resistenzen, gleichermaßen im Fokus der tierärztlichen Arbeit wie die Erreger von seuchenhaften Erkrankungen und endemischen Infektionen, die die Effizienz der Tierleistung senken. Der tierärztliche Arbeitsaufwand für Diagnostik wird den für die Therapie von Erkrankungen bei weitem übertreffen.

Die Häufigkeit von haltungsbedingten Erkrankungen muss und wird im Zuge der Professionalisierung der Tierhaltung an Bedeutung verlieren und routinemäßige Antibiotikagaben werden nicht mehr zum unverzichtbaren Instrumentarium der Produktion von Lebensmitteln tierischer Herkunft gehören. Vielmehr werden deutlich häufiger als nach SchwHaltHyg-V gefordert, regelmäßige tierärztliche Bestandsbetreuungsbesuche gemäß den Empfehlungen der **Leitlinien für die Durchführung einer „Tierärztlichen Bestandbetreuung" in Schweinebeständen** des Bundesverbandes der praktizierenden Tierärzte (bpt) das Gros der tierärztlichen Tätigkeiten in den Schweinebeständen bestimmen. Dabei geht es dann um die Beurteilung der Haltung, der Fütterung und der Wasserversorgung und des Betriebsmanagements sowie um die Erhebung des Gesundheitsstatus einschließlich regelmäßiger Probenentnahmen für gezielte Laboruntersuchungen. Außer der Vereinbarung allgemeiner regelmäßig durchzuführender tierärztlicher Tätigkeiten werden auch mehr und mehr lebensmittelketten-spezifische, tierärztlich-diagnostische Maßnahmen zum Nachweis der vom Landwirt erwarteten Zusicherung der von der Gesellschaft und der jeweiligen Lebensmittelkette angestrebten Lebensmittelsicherheit der tierischen Lebensmittelrohstoffe im Vordergrund stehen.

Diese Verschiebungen im Tätigkeitsspektrum des „Nutztiertierarztes" und der weiter schreitende Strukturwandel hin zu großen Produktionseinheiten werden dazu führen, dass zur eigentlichen Bestandsbetreuung, also zur Arbeit im Tierbestand weitaus weniger Tierärzte benötigt werden, als es heute der Fall ist. Dieser Rückgang der benötigten Tierärzte in der eigentlichen Betreuung der Tierbestände wird sich aber ausgleichen, denn im Rahmen dieser Entwicklungen wird sich ein neuer Tätigkeitsbereich des Tierarztes in der stufenübergreifenden Qualitäts- und Lebensmittelsicherheitskaskade „Nutztierhaltung und Lebensmittelproduktion" entwickeln: das „tierärztliche Lebensmittelkettenmanagement".

Teil 4
Stakeholder

Stakeholder-Management: Sichtweisen verschiedener Anspruchsgruppen zur Nachhaltigkeit

Nina Friedrich (Georg-August-Universität Göttingen)
Prof. Dr. Ludwig Theuvsen (Georg-August-Universität Göttingen)

Abstract

Die Agrar- und Ernährungswirtschaft agiert an den Schnittstellen vieler gesellschaftlicher Konflikte, etwa Umwelt- und Tierschutz, Gentechnik und Lebensmittelsicherheit. Für die Unternehmen des Agribusiness besitzt daher das Nachhaltigkeits-Management eine besondere Bedeutung, um das eigene Handeln unter ökonomischen, ökologischen und sozialen Aspekten zu betrachten. In diesem Beitrag wird argumentiert, dass das Management der oft konfliktären Ansprüche unterschiedlicher Stakeholder den Kern des betrieblichen Nachhaltigkeits-Managements ausmacht, die Unternehmen angesichts ausgeprägter, oft unauflösbarer Zielkonflikte allerdings vor schwierige Herausforderungen stellt.

Keywords

Bioenergie, Nachhaltigkeit, Stakeholder-Management, Tierproduktion, Zielkonflikte

1. Einleitung

„People, Planet, Profit" – auf diese eingängige Formel wird das Thema ‚Nachhaltigkeit' häufig gebracht. Der Dreiklang verdeutlicht, dass sich das Management von Unternehmen nicht einseitig an Gewinninteressen orientieren darf, wenn der Anspruch der von der Brundtland-Kommission entwickelten Nachhaltigkeitsdefinition eingelöst werden soll, der zu Folge eine Entwicklung nur dann nachhaltig ist, wenn gegenwärtige Bedürfnisse nicht zu Lasten zukünftiger Generationen befriedigt werden (BRUNDT-LAND-KOMMISSION, 1987). Nachhaltigkeit ruht damit nach einer verbreiteten Ansicht auf den drei Säulen der ökonomischen, ökologischen und sozialen Nachhaltigkeit (CRANE/MATTEN, 2004). Auch wenn das Drei-Säulen-Modell der Nachhaltigkeit zunächst wenig operational erscheint, so ist doch unstrittig, dass wirtschaftliches Handeln unter allen drei Gesichtspunkten betrachtet werden muss. Die oft als Friedman-Doktrin bezeichnete Aussage, nach der es die soziale Verantwortung eines Unternehmens sei, möglichst viel Gewinn zu erzielen (FRIEDMAN, 1970), hat nach verbreiteter Ansicht ausgedient.

Für die Agrar- und Ernährungswirtschaft ist die Nachhaltigkeitsdebatte von besonderer Bedeutung. Die Landwirtschaft ist traditionell an der Schnittstelle vieler gesellschaftlicher Konfliktlinien tätig. Die Umweltwirkungen der landwirtschaftlichen Produktion, Fragen des Tierschutzes, der Einsatz gentechnisch veränderter Organismen sowie die Lebensmittelsicherheit (Pflanzenschutzmittelrückstände, Zoonosen usw.) sind einige der umstrittensten, jedoch beileibe nicht die einzigen Konfliktherde. Ähnliches gilt für vor- und nachgelagerte Wertschöpfungsstufen, die teils mit denselben Fragen (unter anderem Umweltwirkungen globaler Wertschöpfungsketten, Tierschutz während Transport und Schlachtung, Gentechnik), teils aber auch mit darüber hinaus gehenden Fragen (z.B. Arbeitsbedingungen in der Ernährungswirtschaft) konfrontiert werden (JANSEN/VELLEMA, 2004; HEYDER/THEUVSEN, 2008). Die genannten Konfliktlinien sind dadurch charakterisiert, dass Konflikte zwischen verschiedenen Dimensionen der Nachhaltigkeit vorliegen und gesellschaftlich kontrovers diskutiert werden. Oft handelt es sich um Konflikte zwischen ökonomischer Nachhaltigkeit und einer der beiden anderen Nachhaltigkeitsdimensionen, etwa der ökologischen Nachhaltigkeit im Falle der Kritik an Emissionen aus der Landwirtschaft oder der sozialen Nachhaltigkeit im Falle der kritischen Betrachtung von Arbeitsbedingungen in der Ernährungswirtschaft.

Empirische Untersuchungen zeigen, dass die zueinander im Konflikt stehenden Dimensionen der Nachhaltigkeit häufig von verschiedenen gesellschaftlichen Gruppen vertreten werden. So ist die Auseinandersetzung um die gesellschaftliche Nutztierhaltung in wesentlichen Teilen ein Konflikt zwischen einerseits landwirtschaftlichen Unternehmern, die vorrangig die internationale Wettbewerbsfähigkeit ihrer Produktion und damit die ökonomische Dimension der Nachhaltigkeit im Blick haben, sowie Tierschutzorganisationen und Teilen der Massenmedien und der breiten Bevölkerung andererseits, die vorrangig Tierschutzziele verfolgen (DEIMEL ET AL., 2010). Stallbaukonflikte wiederum werden vorrangig zwischen Anwohnern, die ihre eigenen (sozialen) Ziele, etwa Fragen der Wohnqualität, aber auch ökonomische Erwägungen wie die Auswirkungen auf den Wert von Grundstücken und Gebäuden antreibt, und den ihre ökonomischen Interessen verfolgenden Landwirten ausgetragen (GERLACH, 2006). Aus betrieblicher Sicht macht daher das Management der häufig konfliktären Ansprüche verschiedener Anspruchsgruppen (Stakeholder) den Kern des Nachhaltigkeits-Managements aus. Bedenkt man, dass in den vergangenen Jahren der Einfluss von Stakeholdern auf Unternehmen generell zugenommen hat (EBENDA), so wird deutlich, dass das Stakeholder-Management den Kern eines betrieblichen Nachhaltigkeits-Managements ausmacht.

Vor diesem Hintergrund ist es das Ziel des vorliegenden Beitrags näher zu beleuchten, wem gegenüber sich Unternehmen der Agrar- und Ernährungswirtschaft verantwortlich fühlen und wen sie als relevante Stakeholder erachten. Zudem wird exemplarisch dargelegt, welche erheblichen Anforderungen an das Stakeholder-Management sich aus der Existenz von Zielkonflikten zwischen verschiedenen Dimensionen der Nachhaltigkeit ergeben. Die Analyse basiert auf der Auswertung der einschlägigen Literatur sowie einer in Kooperation mit dem Institut für Nachhaltiges Management (ifnm), Bonn, und dem Institut für Betriebslehre der Agrar- und Ernährungswirtschaft der Justus-Liebig-Universität Gießen (Prof. Dr. Rainer Kühl) ergänzend durchgeführten Online-Befragung von 53 Unternehmen der Agrar- und Ernährungswirtschaft (Stand Mai 2011).

2. Nachhaltigkeits-Management im Unternehmen

Die Ursprünge des Nachhaltigkeitskonzepts werden allgemein in der Forstwirtschaft verortet (VON CARLOWITZ, 1713) und als Reaktion auf die seinerzeit weitreichende Entwaldung ganzer Landstriche gedeutet. Die von den Vereinten Nationen eingesetzte BRUNDTLAND-KOMMISSION (1987) setzte den Begriff Nachhaltigkeit erstmals in Bezug zur Generationenverantwortung: *„Sustainable development is development that meets the needs of the present without compromising the ability of future generations to meet their own needs."* Anlass für diese Begriffsfassung war die Einsicht, dass die momentan lebende Bevölkerung durch ihr Agieren Handlungsmöglichkeiten zukünftiger Generationen enorm einschränken kann. So sind z.B. die Langzeitwirkungen der Verknappung fossiler Brennstoffe und anderer Rohstoffe sowie der fortschreitenden Umweltzerstörung, aber auch der ansteigenden Neuverschuldung vieler Staaten bislang kaum absehbar. Im Sinne der Generationengerechtigkeit wird daher ein nachhaltiges Verhalten angestrebt, um zukünftigen Generationen die für ihre Bedürfnisbefriedigung erforderlichen Ressourcen zu belassen.

Im Jahr 1992 erkannte die UN-Konferenz für Umwelt und Entwicklung in Rio de Janeiro die nachhaltige Entwicklung als globales Leitbild an. Als gleichwertige und elementare Interessen identifizierten die Delegierten die Erhaltung wirtschaftlicher Effizienz und sozialer Gerechtigkeit sowie den Schutz natürlicher Lebensgrundlagen. Das Ergebnis der UN-Konferenz stellt die Agenda 21 dar, welche als Aktionsprogramm eine Verschlechterung der globalen Situation verhindern und schrittweise eine nachhaltige Nutzung der natürlichen Ressourcen herbeiführen sollte (BMU, 1992). Die in der Agenda 21 enthaltenen konkreten Handlungsempfehlungen dienen namentlich der Sicherung der Lebensgrundlagen nachfolgender Generationen.

Vor dem skizzierten Hintergrund stehen Unternehmen vor der Herausforderung, die an sie herangetragenen gesellschaftlichen Erwartungen zu erfüllen (SCOTT/MEYER, 1994), bspw. soziale Ziele in angemessener Art und Weise zu erfüllen (ASH-FORTH/GIBBS, 1990). Obwohl diese Ansprüche, insbesondere die von der Brundtland-Kommission eingeforderte Generationengerechtigkeit, aus wirtschaftlicher Sicht sehr abstrakt und schwer in unternehmerisches Handeln umzusetzen sind, zeigt die momentane Entwicklung, dass immer mehr Unternehmen eine Auseinandersetzung mit dem Thema ‚Nachhaltigkeit' anstreben. So wird die Generationengerechtigkeit mit Schlagwörtern wie Zukunftsfähigkeit, Gesellschaftsverantwortung, Naturverantwortung, Arbeitsplatz- und Wohlstandssicherung gleich gesetzt und diskutiert (MÜLLER-CHRIST, 2010). Auch Konzepte wie Corporate Social Responsibility, Corporate Citizenship oder Corporate Social Performance werden in Beziehung zum Nachhaltigkeits-Management gesetzt (MÜNSTERMANN, 2007; HEYDER/THEUVSEN, 2009).

Eine im Jahr 2008 durchgeführte Online-Befragung von 170 Unternehmen des Agribusiness zur gesellschaftlichen Verantwortung zeigt, dass sich diese vor allem Mitarbeitern und Kunden gegenüber in der Verantwortung sehen (96 % bzw. 95 % Zustimmung; vgl. Abbildung 1). Auch die gesamtgesellschaftliche Verantwortung erfährt eine hohe Zustimmung (73 %). Aufgrund des hohen Konfliktpotenzials des Agribusiness-Sektors, ausgelöst unter anderem durch die Diskrepanzen zwischen den Verbrauchererwartungen und der realen landwirtschaftlichen Praxis, stehen viele Unternehmen unter einem hohen öffentlichen Druck. Gute Arbeitsbedingungen für Mitarbeiter, die Vermeidung möglicher Gesundheitsschädigungen durch kontaminierte Produkte sowie die Reduzierung von Umweltauswirkungen der Produktion stellen wesentliche, kritische Punkte dar (HEYDER, 2010).

Abbildung 1 Abbildung 1: Bereiche der gesellschaftlichen Verantwortung von Unternehmen (N: 170)

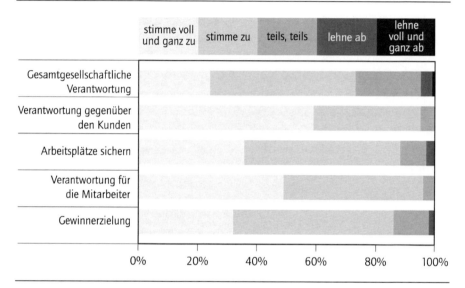

Quelle: Eigene Darstellung nach HEYDER, 2010

Eine aktuelle Studie, die im Frühjahr 2011 in Kooperation der Universitäten Gießen und Göttingen und des ifnm bei 53 Unternehmen durchgeführt wurde (Stand Mai 2011), verdeutlicht, dass das Thema Nachhaltigkeit im Ernährungssektor angekommen ist. So ist bei 93 % der befragten Unternehmen Nachhaltigkeit seit Jahren ein Managementthema und 76 % stellen bereits finanzielle Mittel für diesen Zweck bereit. Die Interpretation des Begriffs ‚Nachhaltigkeit' umfasst nach Angaben der Befragten ökonomische, ökologische und soziale Aspekte; Nachhaltigkeit geht nach Auffassung von ca. 80 % der Unternehmen über bestehende gesetzliche Mindestanforderungen hinaus. Die Zahlung fairer Löhne (ca. 80 % Zustimmung) ist für Unternehmen ein zentraler Aspekt der Implementierung und Sicherung von Nachhaltigkeit. Eine Reduzierung des Energie- und

Wasserverbrauchs, Investitionen in erneuerbare Energien und der Erhalt der Biodiversität stellen weitere Bemühungen dar.

Erste Schritte zur Nachhaltigkeitsbewertung haben einige Unternehmen bereits unternommen. Die Festlegung konkreter Kriterien zur Nachhaltigkeitsbewertung, die Erhebung relevanter Daten, aber auch ein regelmäßiges Benchmarking mit führenden, nachhaltig wirtschaftenden Unternehmen nannten insgesamt 45 Unternehmen. All diese Aspekte sind jedoch nicht realisierbar, ohne eine ökonomische Sicherung des Unternehmens; deren Bedeutung wurde von ausnahmslos allen Befragten als sehr hoch oder hoch angegeben.

Die Umsetzung des Themas ‚Nachhaltigkeit' erfolgt bei der Mehrzahl der Unternehmen global oder national einheitlich; eine lediglich regionale Realisierung findet sich nur bei einem kleineren Teil der Unternehmen (vgl. Abbildung 2). Dass entsprechende Maßnahmen nicht weiter zurückgestellt werden sollten und einer guten Kommunikation bedürfen, ist ebenfalls eine unter den Befragungsteilnehmern weit verbreitete Meinung. So hängt die Zukunft der befragten Unternehmen durchaus vom Nachhaltigkeits-Management ab, welches vor allem dazu dient, das Vertrauen der Öffentlichkeit zu sichern (90 % Zustimmung) und die Außendarstellung des Unternehmens zu verbessern (ca. 75 % Zustimmung).

Abbildung 2 Umsetzung des Themas ‚Nachhaltigkeit' im Unternehmen

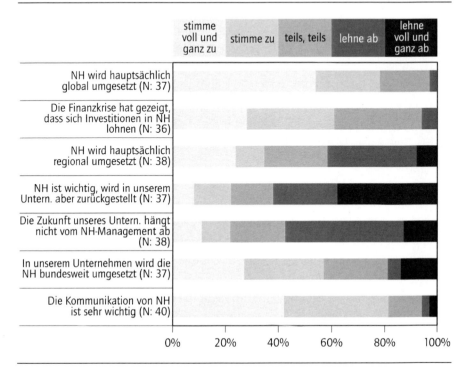

Quelle: Eigene Erhebung

Gefordert wird die Auseinandersetzung mit dem Thema ‚Nachhaltigkeit' hauptsächlich durch Kunden. Vor ihnen wie auch der breiteren Öffentlichkeit bedürfen unter-nehmerische Entscheidungen somit stets der Rechtfertigung. Damit wird auch deutlich: Die Forderung nach ökologischer, ökonomischer und sozialer Nachhaltigkeit des unternehmerischen Handelns wird durch unterschiedliche Anspruchsgruppen (Stakeholder) an Unternehmen herangetragen. Der Umgang mit verschiedenen Anspruchsgruppen bildet daher den Kern des Nachhaltigkeits-Managements.

3. Nachhaltigkeits-Management als Stakeholder-Management

Das Stakeholder-Management ist bereits seit den 1980er Jahren fester Bestandteil der strategischen Unternehmensführung (FREEMAN/ REED, 1983). Im engeren Sinne richtet sich das Stakeholder-Management an alle Akteure, die zum langfristigen Unternehmenserfolg beitragen. Hierbei stehen vorwiegend die Ansprüche von Anteilseignern, Mitarbeitern und von unmittelbar im vor- oder nachgelagerten Bereich tätigen Akteuren im Fokus. Daneben findet sich auch ein erweiterter Stakeholder-Begriff; demnach sind *„Stakeholder ... alle Gruppen und Individuen, die auf die Erreichung der Organisationsziele Einfluss nehmen können bzw. selbst von der Erreichung der Organisationsziele betroffen sind."* (THEUVSEN, 2009: 5, nach FREEMAN, 1984). Hierbei werden interne und externe Stakeholder unterschieden. Mitarbeiter, Führungskräfte oder Eigentümer sind als interne Stakeholder zu verstehen, wohingegen Lieferanten, Konsumenten, Fremdkapitalgeber, Politik, Medien oder Nichtregierungsorganisationen (NGO) externe Stakeholder darstellen. Eine weitere Ausdifferenzierung nehmen DONALDSON und PRESTON (1995) unter Bezugnahme auf die Zweckmäßigkeit von Stakeholdern für Unternehmen vor; sie unterscheiden in diesem Zusammenhang zwischen einem beschreibenden, instrumentellen und normativen Ansatz des Stakeholder-Managements. Im beschreibenden Ansatz erlangen die Ansprüche interner Stakeholder die größte Relevanz. Im instrumentellen Ansatz finden Anspruchsgruppen Berücksichtigung, welche die Zielerreichung von Unternehmen verhindern oder unterstützen können. Kernpunkt des normativen Ansatzes ist die moralische Verpflichtung eines Unternehmens gegenüber allen Stakeholdern, die somit – unabhängig von ihrer Bedeutung für die Erreichung der Unternehmensziele – als gleichwertig erachtet werden.

Wissenschaftliche Studien zum Stakeholder-Management im Agribusiness liegen nur in vergleichsweise geringer Zahl vor. Sie behandeln hauptsächlich die Beziehungen zwischen den Unternehmen der Agrar- und Ernährungswirtschaft und wenigen, wichtigen Anspruchsgruppen. Im Fokus stehen hier überwiegend Akteure auf der Input- oder Output-Seite der Unternehmen; dementsprechend werden vorwiegend Fragen des Customer und des Supplier Relationship Management thematisiert (SPILLER/ WOCKEN, 2006; SCHULZE ET AL., 2006; TORRES ET AL., 2007), ohne gesellschafts-relevante Belange aufzugreifen. In jüngerer Zeit werden allerdings auch vermehrt Beziehungen zwischen Unternehmen des Agribusiness und anderen Stakeholdern, etwa der breiteren Öffentlichkeit, Medien oder Anwohnern, untersucht. Anlässe dafür sind eine Intensivierung von Konflikten, die sich an gesellschaftlich umstrittenen Themen wie der landwirtschaftlichen Nutztierhaltung oder der Bioenergieproduktion beobachten lassen (GERLACH, 2006; ALBERS-MEIER/SPILLER, 2010; ZSCHACHE ET AL., 2010).

Die Aspekte der Nachhaltigkeit – genauer: die gesellschaftliche Verantwortung von Unternehmen – und des Stakeholder-Managements bringt LAUTERMANN (2005) zusammen. Investieren Unternehmen bspw. in die Umsetzung von CSR-Maßnahmen, können sowohl interne Vorteile, wie die Entwicklung neuer Ressourcen oder Fähigkeiten, als auch externe Vorteile, wie eine verbesserte Reputation, generiert werden. So kann ein erfolgreiches Nachhaltigkeits-Management dazu beitragen, das Konfliktpotenzial zwischen den verschiedenen Anspruchsgruppen sowie zwischen Unternehmen und ihrer Umwelt zu verringern (HEYDER, 2010). In diesem Sinne implementierte die Westfleisch eG, eines der führenden deutschen Schlachtunternehmen und als solches wiederholt im Fokus kritischer Anspruchsgruppen, im Jahr 2007 das „Quality Partnership Programm" verbunden mit der Erklärung, faire Geschäftspraktiken ausüben und im Interesse der Stakeholder handeln zu wollen (WESTFLEISCH, 2007). Dieses Versprechen an alle Anspruchsgruppen verdeutlicht, dass die Notwendigkeit zur Interaktion mit diesen auch von führenden Unternehmen des Agribusiness gesehen wird. Zu diesem Befund passt, dass die Unternehmen des Agribusiness die Wichtigkeit verschiedener Anspruchsgruppen, wie der Kunden, der Mitarbeiter oder auch des lokalen Umfeldes, ähnlich hoch einschätzen wie die der Anteilseigner, also der Stakeholder im engeren Sinne (vgl. Abbildung 3).

Stakeholder-Management

Abbildung 3 Relevante Stakeholder

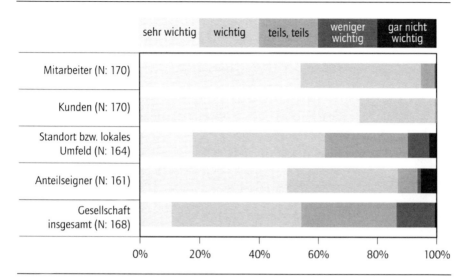

Quelle: Eigene Darstellung nach HEYDER, 2010

Eine besondere Herausforderung für Unternehmen birgt die Heterogenität der Anspruchsgruppen. Bei Berücksichtigung aller Ansprüche bedarf es einer umfassenden Unternehmensführung. Diese kann durch die Umsetzung eines Nachhaltigkeits-Managements realisiert werden, bei dem neben den internen Stakeholdern vor allem die Bedürfnisse der externen Anspruchsgruppen Beachtung finden. Dass sich entsprechende Anstrengungen für Unternehmen lohnen können, zeigt die empirische Untersuchung von HEYDER (2010) zum Zusammenhang von Corporate Social Responsibility und Unternehmenserfolg. So zeigte sich, dass sich verstärkte Anstrengungen im Bereich der Corporate Social Responsibility positiv auf die Reputation von Unternehmen auswirken (HEYDER/THEUVSEN, 2011). Diese Ergebnisse bestätigen frühere Studien, denen zufolge sich ein Engagement im Bereich der Corporate Social Responsibility positiv auf den finanziellen Unternehmenserfolg auswirkt (ORLIZTKY ET AL., 2003;

MACKEY ET AL., 2007). Neben positiven Reputationseffekten kann ein weiterer Grund für diesen Zusammenhang sein, dass ein Nachhaltigkeits-Management Unternehmen erlaubt, ihre Entscheidungen und ihr Handeln gegenüber allen Anspruchsgruppen zu rechtfertigen und Legitimität sicherzustellen. Gelingt dies, so sinkt die Wahrscheinlichkeit von Protesten oder Streiks, so dass der langfristige Unternehmenserfolg gesichert ist (HIß, 2006).

Nachhaltigkeits-Management ist dann vergleichsweise einfach, wenn sich ökologische, soziale und ökonomische Ziele komplementär zueinander verhalten. Dies ist etwa der Fall, wenn Energieeinsparungen realisiert werden, die die Umwelt entlasten und angesichts gestiegener Energiepreise zugleich finanziell lukrativ sind. Nachhaltigkeits-Management stellt dagegen dann eine erhebliche Herausforderung für das Unternehmensmanagement dar, wenn es die Handhabung der konfliktären Ansprüche verschiedener Stakeholder erfordert. Dass ein solcher Umgang mit Zielkonflikten schwierig ist, zeigt das folgende Kapitel anhand ausgewählter Beispiele.

4. Management konfliktärer Stakeholder-Ansprüche

Beispiel Tierproduktion

In der Tierproduktion ist vor allem die „Massentierhaltung", also die intensive Veredlungswirtschaft der konventionellen Tierproduktion, in den Mittelpunkt gesellschaftlicher Auseinandersetzungen gerückt. Diese wird insbesondere von Verbrauchern, aber auch von NGOs und weiteren externen Stakeholdern beanstandet. Weitere Hauptkritikpunkte sind steigende Umweltbelastungen, vor allem durch Emissionen in Luft und Wasser, eine höhere Tierseuchengefahr (BMELV, 2005) sowie eine ungenügende Tiergerechtheit bzw. ein mangelnder Tierschutz (DEIMEL ET AL., 2010). Nach SCHULZE ET AL. (2008) sehen größere Verbrauchergruppen Defizite in der Tierhaltung und haben eine ausgeprägte ethische Grundeinstellung zum Tierschutz. Selbst eher uninteressierte Verbraucher, die sich wenig mit dem Thema auseinandersetzen, beschreiben die moderne Tierhaltung als defizitär (vgl. Tabelle 1).

Tabelle 1 Verbraucherwahrnehmung zum Tierwohl in der Nutztierhaltung

Cluster	Besorgte Tierschützer/-innen	Tierschutzbewusste Fleischesser	Desinteressierte	Sorglose Fleischesser	Tierschutz-Genervte
Zahl der Befragten	52 (19%)	41 (15%)	60 (22%)	84 (31%)	35% (13%)
Merkmale	Ethische Grundhaltung	Ausgeprägte ethische Grundhaltung	Kein Involvement	Tierhaltung ist o.k.	Ablehnung von Tierschutz
	Tierschutz gilt als sehr defizitär	Aber: Tierhaltung ist im Grundsatz o.k.	Aber: Tierhaltung gilt als defizitär	Kein Involvement	Allein Geschmack zählt
	Preisbereit			Hoher Fleischkonsum	

Quelle: Eigene Darstellung nach SCHULZE ET AL., 2008

Für die Agrarwirtschaft, also Tierhalter, Schlacht- und Weiterverarbeitungsunternehmen, stehen dagegen eher die ökonomische Sicherung der Tierproduktion und die Wettbewerbsfähigkeit der Betriebe im Vordergrund. Entsprechend skeptisch steht die Branche Forderungen nach mehr Tierschutz gegenüber (DEIMEL ET AL., 2010), zumal in den vergangenen Jahren vor allem die vorrangige Fokussierung auf den Preiswettbewerb die Überlebensfähigkeit der Branche sicherte. Die zunehmende Internationalisierung der Fleischwirtschaft hat den Stellenwert der Kosteneffizienz nochmals erheblich steigen lassen (THEUVSEN ET AL., 2010a). Vorreiter bei der Umsetzung höherer Tierschutzstandards sind daher nur wenige kleine Programme wie z.B. „Neuland" oder „Qualitätsfleisch vom Robustrind Galloway", in welchen die Fleischproduktion unter besonderer Berücksichtigung von Tierschutzaspekten erfolgt (SCHULZE ET AL., 2008). Diese Programme sind aber bisher den Nachweis eines nachhaltigen, größeren ökonomischen Erfolgs überwiegend schuldig geblieben.

Die Diskrepanz zwischen den gesellschaftlichen Anforderungen an die landwirtschaftliche Nutztierhaltung in Bezug auf Tier- und Umweltschutz einerseits und der hohen Bedeutung der Kosteneffizienz andererseits offenbart einen erheblichen Zielkonflikt, der hohe Anforderungen an das Nachhaltigkeits-Management stellt. Einen Lösungsansatz stellen Maßnahmen dar, die die Emissionen aus der Tierhaltung reduzieren oder die Tierschutzstandards erhöhen. Zu nennen sind die Reduzierung (Abstockung) des Bestandes, die Haltung der Tiere in Außenklimaställen sowie die Installation von Biofiltern oder mehrstufigen Abluftreinigungsanlagen. Letztere tragen durch Verminderung von Emissionen zum Umweltschutz bei (THEUVSEN ET AL., 2010b). Kalkuliert man die verschiedenen Maßnahmen am Beispiel eines 2500er Schweinemaststalls und unter der Annahme eines Verkaufspreises von 1,58 € je kg Schlachtgewicht durch und vergleicht den sich ergebenden jährlichen Gewinnbeitrag der Schweinemast mit der Ausgangssituation, so zeigt sich, dass sich alle genannten Maßnahmen deutlich negativ auf den Gewinn der Tierhalter auswirken (vgl. Abbildung 4). Auf diese Weise ist somit keine Entschärfung des beschriebenen Zielkonflikts zu erreichen.

Abbildung 4 Gewinnbeitrag der Schweinemast (€/a) in Abhängigkeit von der jeweiligen Anpassungsmaßnahme

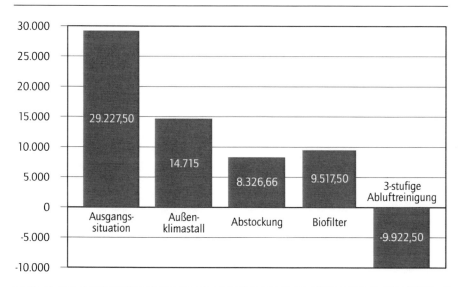

Quelle: THEUVSEN ET AL., 2010

Ein anderer Lösungsansatz besteht in der Entwicklung von Premiumsegmenten im Fleischbereich, in denen die für die Realisierung höherer Umwelt- und Tierschutzstandards erforderliche Zahlungsbereitschaft der Endverbraucher mobilisiert werden kann. Von der EU-Kommission ist in diesem Sinne ein Bericht vorgelegt worden, der Optionen zur Etablierung eines „Animal Welfare Labels" zwecks Verbesserung des Tierschutzes und der Verbraucherinformation diskutiert (COMMISSION, 2009). Letzterer Punkt ist besonders wichtig, da Verbraucher zwar generell am Tierschutz interessiert sind, sich jedoch schlecht informiert fühlen und aussagekräftige Informationen zur Tiergerechtheit der Produktion vermissen. Bereits durchgeführte Marktforschungsstudien zeigen, dass interessierte Verbraucher für ein Tierschutz-Label tatsächlich zahlungsbereit sind. Die Kernzielgruppe eines Tierwohl-Labels wird auf rund 20 % der deutschen Verbraucher geschätzt, sofern es gelingt, die entsprechenden Produkte im Mittelpreissegment zu platzieren (DEIMEL ET AL., 2010). Demnach scheint die Etablierung eines ansprechend gestalteten Tierschutz-Labels ein gangbarer Weg zu sein, um – zumindest im zu etablierenden Marktsegment – das Ziel eines hohen Tierschutzniveaus und die ökonomische Nachhaltigkeit der Tierproduktion miteinander in Einklang zu bringen und die höheren Kosten der Produzenten und Verarbeiter durch entsprechend höhere Preise am Point of Sale auszugleichen. Bis dies gelungen ist, stellt die Tierproduktion einen Bereich dar, in dem es schwerfällt, die widerstrebenden Interessen verschiedener Stakeholder zu versöhnen und die Ansprüche der ökonomischen, der ökologischen und der sozialen Nachhaltigkeit gleichermaßen einzulösen.

Beispiel Bioenergie

Die Bioenergieproduktion ist in den vergangenen Jahren in vielen Ländern erheblich ausgebaut worden (SCHAPER ET AL., 2011). In der Europäischen Union gab die EU-Kommission den Startschuss mit dem „Aktionsplan für Biomasse" (2005) und dem „Fahrplan für erneuerbare Energien" (2007). Darin wurde die Zielvorgabe formuliert, bis zum Jahr 2020 den Anteil erneuerbarer Energien am Gesamtenergieverbrauch auf 20 % zu erhöhen. Ziel dieser Vorgaben war es, Nachhaltigkeit durch höheren Klimaschutz zu fördern und eine gesicherte Energieversorgung zu gewährleisten (KOMMISSION DER EU, 2005, 2007).

Zunächst hießen alle Anspruchsgruppen den Ausbau der Bioenergieproduktion und die starke politische Unterstützung für erneuerbare Energien für gut. Nach und nach mehrten sich jedoch die Stimmen, denen zufolge die erwarteten Vorteile für den Klimaschutz und die Energieversorgung nicht generiert werden könnten. Viele Interessensgruppen kritisierten insbesondere die negativen Effekte auf die globale Ernährungssicherheit durch Verknappung der landwirtschaftlichen Flächen und steigende Lebensmittelpreise. Weiterhin konnten positive Auswirkungen auf den Naturschutz, bspw. die Verringerung von Umwelt- und Klimaschäden, nicht nachgewiesen werden (WGBU, 2008). Trotzdem hat die Bundesregierung in ihrem Energiekonzept die nachhaltige und effiziente Nutzung der Bioenergie zu einem der zentralen Handlungsfelder für die zukünftige Energieversorgung erklärt (BMWI/BMU, 2010).

Eine von ZSCHACHE ET AL. (2010) durchgeführte qualitative Inhaltsanalyse führender deutscher Tageszeitungen (Frankfurter Allgemeine Zeitung, Süddeutsche Zeitung, Die Welt, Frankfurter Rundschau) zum öffentlichen, massenmedialen Diskurs über Bioenergie bestätigt das hohe Konfliktpotenzial dieser Branche. So werden von den in den analysierten Beiträgen zu Wort kommenden Stakeholdern die Auswirkungen der Bioenergieproduktion auf den Umweltschutz sowohl positiv als auch negativ gesehen. Befürworter sehen Möglichkeiten, den Kohlendioxidausstoß durch den Einsatz biogener Energieträger zu verringern, während Kritiker diesen Effekt in Frage stellen. Wesentliche ökologische Risiken werden durch den verstärkten Anbau von Raps und Mais und die damit einhergehende Gefährdung der Artenvielfalt gesehen. Die verschiedenen Argumente verdeutlichen, dass selbst bei Zugrundelegung nur einer Zieldimension, in diesem Fall der ökologischen Nachhaltigkeit, eine Bewertung der Erzeugung von Bioenergien schwierig ist.

Noch deutlich komplexer wird die Situation, wenn auch ökonomische Aspekte in die Betrachtung einbezogen werden. Im ökonomischen Diskurs wird vielfach auf die wirtschaftsfördernden Wirkungen der Bioenergieproduktion in Form der Entstehung neuer Arbeitsplätze und der Erschließung von Wachstums-, etwa Exportpotenzialen verwiesen. Der Brutto-Beschäftigungsbeitrag der erneuerbaren Energien wird z.B. vom BMU (2010) mit rund 340.000 Arbeitsplätzen bis Ende 2009 beziffert; der Nettobeschäftigungseffekt wird für 2009/10 immerhin noch auf 70.000 bis 90.000 Arbeitsplätze geschätzt. Kritiker relativieren dagegen sehr stark die Beschäftigungseffekte des EEG; verwiesen wird unter anderem auf die geringere Beschäftigung bei konventionellen Stromversorgern, Arbeitsplatzverluste durch höhere inländische Strompreise, Verdrängungseffekte durch die Förderung erneuerbarer Energien auf dem Arbeitsmarkt und bei der Verwendung von Investitionsmitteln sowie Beschäftigungsverluste durch die Verminderung des Output-Potenzials der Volkswirtschaft. In der Summe werden daher allenfalls ganz leicht positive oder u.U. sogar negative Beschäftigungseffekte der Förderung erneuerbarer Energien erwartet (FRONDEL/SCHMIDT, 2010). Die Bewertung der ökonomischen Effekte der Bioenergieproduktion gestaltet sich somit ähnlich schwierig wie die Bewertung ihrer ökologischen Nachhaltigkeit.

Schlussendlich werden auch soziale Probleme, die durch das Wachstum der Bioenergiebranche entstehen, diskutiert (ZSCHACHE ET AL., 2010). So konkurrieren die Biomasse- und die Nahrungsmittelproduktion um die gleichen Flächen („Tank oder Teller"). Die Folge sind teils erhebliche Preissteigerungen für Grundnahrungsmittel, unter denen insbesondere Menschen in den ärmeren Ländern der Welt leiden müssen (TANGERMANN, 2011). Eine Bewertung der Bioenergieproduktion unter Nachhaltigkeitsaspekten offenbart somit erhebliche Zielkonflikte.

Streben Unternehmen die Erlangung und Sicherung ihrer gesellschaftlichen Akzeptanz an, so kann eine Investition in die Bioenergieproduktion durchaus lohnenswert sein. Bei verstärktem Einsatz für eine nachhaltige und umweltschonende Geschäftspolitik auf Grundlage von biogenen Energieträgern ist die Generierung eines verantwortungsvollen Images durchaus möglich (ZSCHACHE ET AL., 2010). Ein Imagegewinn für die Bioenergiebranche ist vor allem bei dezentralen Projekten zu erwarten, an denen viele Stakeholder partizipieren. Dies ist etwa beim im südöstlichen Niedersachsen gelegenen Pilotprojekt ‚Bioenergiedorf Jühnde' der Fall, welches bereits seit 2005 in Betrieb ist. Das Dorf wird mit einer 700 kW-Biogasanlage und mit einer 550 kW-Holzhackschnitzelanlage mit Strom und Wärme versorgt (BMELV, 2010). Die überschüssige Energie wird durch die Gemeinde weitervermarktet. Vor allem durch die Einbindung und Überzeugung aller Stakeholder konnte eine breite Unterstützung des Projekts sichergestellt werden. Eine gute Öffentlichkeitsarbeit ermöglichte die Einbindung des Bioenergiethemas in die Dorfgemeinschaft. Zweifelnde und ablehnende Anspruchsgruppen wurden durch ein intensives Konfliktmanagement berücksichtigt (RUPPERT ET AL., 2008). So dient das Bioenergiedorf Jühnde als Diskussionsstätte für Bioenergiegegner und -fürsprecher und ermöglicht ein umfassendes Stakeholder-Management.

Andererseits laufen Unternehmen auch Gefahr, angesichts der facetten- und wider-spruchsreichen öffentlichen Diskussion mit den negativen Aspekten der Bioenergieproduktion in Verbindung gebracht zu werden und Imageverluste zu erleiden. Diese Gefahr besteht namentlich bei der Erzeugung von Bioenergie im großtechnischen Maßstab, wie dies unter anderem im Biokraftstoffbereich der Fall ist. Aus Sicht des Stakeholder- und Nachhaltigkeits-Managements ist die Bioenergie damit zu einem „zweischneidigen Schwert" geworden; es in der gegenwärtigen Situation allen Anspruchsgruppen recht zu machen, ist fast unmöglich geworden. Die Hoffnung ruht vor diesem Hintergrund auf technologischen Innovationen, etwa Biokraftstoffen der 2. Generation, die nicht mehr in Konkurrenz zur Nahrungs- und Futtermittelproduktion stehen, sowie der Erschließung von Biomassepotenzialen im Bereich der biogenen Rest- und Abfallstoffe oder des Landschaftspflegematerials.

5. Fazit

Zusammenfassend ist festzuhalten, dass in der Agrar- und Ernährungswirtschaft eine starke Hinwendung zum Nachhaltigkeits-Management in Gang gekommen ist. Die Unternehmen setzen sich nicht zuletzt unter dem Druck, den Nichtregierungsorganisationen und die breitere Öffentlichkeit auf sie ausüben, nicht länger nur mit den ökonomischen, sondern auch mit den ökologischen und sozialen Seiten ihres unter-nehmerischen Handelns auseinander. Dies zeigen auch die Ergebnisse der ersten vorliegenden empirischen Untersuchungen.

Die verschiedenen Dimensionen der Nachhaltigkeit werden vielfach von unter-schiedlichen Stakeholdern, also Anspruchsgruppen in und im Umfeld von Unternehmen, fokussiert. So stehen für Anteilseigner und Mitarbeiter oft ökonomische Aspekte im Vordergrund, während Nichtregierungsorganisationen oder die Politik häufiger ökologische oder soziale Aspekte thematisieren. Das Management der verschiedenen Ansprüche im Rahmen eines Stakeholder-Managements macht daher den Kern des Nachhaltigkeits-Managements von Unternehmen im Agribusiness aus. Wie schwierig jedoch die Austarierung der verschiedenen Dimensionen sein kann, wurde am Beispiel der landwirtschaftlichen Nutztierhaltung wie auch der Bioenergieproduktion deutlich.

Literatur

[1] ALBERSMEIER, F./SPILLER, A. (2010): Die Reputation der Fleischwirtschaft in der Gesellschaft: Eine Kausalanalyse. In: Schriften der Gesellschaft für Wirtschafts- und Sozialwissenschaften des Landbaus. Landwirtschaftsverlag, Band 45, Kiel: 181-193.

[2] ASHFORTH, B. E./GIBBS, B. W. (1990): The Double-edge of Legitimation. In: Organization Science, Vol. 1, No 2, 1990: 177-194.

[3] BRUNDTLAND-REPORT (1987): Unsere gemeinsame Zukunft. Ohne Ortsangabe.

[4] BUNDESMINISTERIUM FÜR ERNÄHRUNG, LANDWIRTSCHAFT UND VERBRAUCHERSCHUTZ (BMELV) (Hrsg.) (2010): Sieger des Bundeswettbewerbs „Bioenergie Dörfer 2010", Berlin: http://www.bmelv.de/SharedDocs/Standardartikel/Landwirtschaft/ Bioenergie-NachwachsendeRohstoffe/Bioenergie/Wettbewerb-Bioenergie-Doerfer.html am 27.06.2011.

[5] BUNDESMINISTERIUM FÜR ERNÄHRUNG, LANDWIRTSCHAFT UND VERBRAUCHERSCHUTZ (BMELV) (Hrsg.) (2005): Zukunft der Nutztierhaltung – Gutachten des wissenschaftlichen Beirates Agrarpolitik, nachhaltige Landbewirtschaftung und Entwicklung ländlicher Räume. In: Angewandte Wissenschaft (Schriftenreihe des BMELV), Heft 508, Berlin.

[6] BUNDESMINISTERIUM FÜR UMWELT, NATURSCHUTZ UND REAKTORSICHERHEIT (BMU) (Hrsg.) (2010a): Erneuerbar beschäftigt! Kurz- und langfristige Arbeitsplatzwirkungen des Ausbaus der erneuerbaren Energien in Deutschland. Berlin.

[7] BUNDESMINISTERIUM FÜR UMWELT, NATURSCHUTZ UND REAKTORSICHERHEIT (BMU) (Hrsg.) (1992): Agenda 21, Konferenz der Vereinten Nationen für Umwelt und Entwicklung im Juni 1992 in Rio de Janeiro. Köllen Druck + Verlag GmbH, Bonn.

[8] BUNDESMINISTERIUM FÜR WIRTSCHAFT UND TECHNOLOGIE (BMWI)/BUNDESMINISTERIUM FÜR UMWELT, NATURSCHUTZ UND REAKTORSICHERHEIT (Hrsg.) (2010b): Energiekonzept für eine umweltschonende, zuverlässige und bezahlbare Energieversorgung. Berlin.

[9] COMMISSION (2009): Report from the Commission to the European Parliament, the Council, the Economic and Social Committee and the Committee of the Regions: Options for an animal welfare labeling and the establishment of a European Network of Reference Centers for the protection and welfare of animals. Brüssel, SEC (2009).

[10] CRANE, A./MATTEN, D. (2004): Business Ethics. A European Perspective. Managing Corporate Citizenship and Sustainability in the Age of Globalization. Universitätspresse, Oxford.

[11] DEIMEL, I./FRANZ, A./FRENTRUP, M./VON MEYER, M./SPILLER, A./ THEUVSEN, L. (2010): Perspektiven für ein europäisches Tierschutzlabel. Bericht für das BMELV. Göttingen.

[12] DONALDSEN, T./PRESTON, L. E. (1995): The Stakeholder Theory of the Corporation: Concepts, Evidence and Implications. In: Academy of Management Review, 20. Jg., 1995: 65-91.

[13] FREEMAN, R. E. (1984): Strategic Management: A Stakeholder Approach. Pitman, Boston, MA.

[14] FREEMAN, R. E./REED, D. L. (1983): Stockholders and Stakeholders: A New Perspective on Corporate Governance. In: California Management Review, Jg. 25, No 3, 1983: 88-106.

[15] FRIEDMAN, M. (1970): The Social Responsibility of Business is to Increase its Profits. In: The New York Times Magazine, 13. September 1970.

[16] GERLACH, S. (2006): Relationship Management im Agribusiness. Dissertation Georg-August-Universität Göttingen.

[17] HEYDER, M. (2007): Akzeptanz und Legitimitätskrise im Agribusiness – Ist Corporate Social Responsibility ein Ausweg? Vortrag an der Georg-August-Universität Göttingen, 04. Dezember 2007.

[18] HEYDER, M. (2010): Strategien und Unternehmerperformance im Agribusiness. Cuvillier Verlag, Göttingen.

[19] HEYDER, M./THEUVSEN, L. (2008): Legitimating Business Activities Using Corporate Social Responsibility: Is there a Need for CSR in Agribusiness? In: Fritz, M./Rickert, U./Schiefer, G. (Hrsg.): System Dynamics and Innovation in Food Networks 2008, Bonn: 175-187.

[20] HEYDER, M./THEUVSEN, L. (2009): Corporate Social Responsibility im Agribusiness. In: Böhm, J./Albersmeier, F./Spiller, A. (Hrsg.): Die Ernährungswirtschaft im Scheinwerferlicht der Öffentlichkeit. Eul Verlag, Lohmar und Köln: 47-73.

[21] HEYDER, M./THEUVSEN, L. (2011): Determinants and Effects of Corporate Social Responsibility in German Agribusiness: A PLS Model. In: Agribusiness: An International Journal (under review).

[22] HIß, S. (2006): Warum übernehmen Unternehmen gesellschaftliche Verantwortung: Ein soziologischer Erklärungsversuch. Campus Forschung, Frankfurt a. M./New York.

[23] JANSEN, K./VELLEMA, S. (Hrsg.) (2004): Agribusiness and Society: Corporate Responses to Environmentalism, Market Opportunities and Public Regulation. Zed Books, London.

[24] KOMMISSION DER EUROPÄISCHEN UNION (2005): Aktionsplan für Biomasse, KOM (2005) 628 endg., Mitteilungen der Kommission, 07.12.2005, Brüssel.

[25] KOMMISSION DER EUROPÄISCHEN UNION (2007): Fahrplan für erneuerbare Energien. Erneuerbare Energien im 21. Jahrhundert: Größere Nachhaltigkeit in der Zukunft, KOM (2006) 848 endg., Mitteilungen der Kommission, 10.01.2007, Brüssel.

[26] LAUTERMANN, C. (2005): Die gesellschaftliche Verantwortung von Unternehmen: Theoretisches Konzept und praktische Relevanz. LAUB-Schriftenreihe No 42, Oldenburg.

[27] MACKEY, A./MACKEY, T. B./BARNEY, J. B. (2007): Corporate Social Responsibility and Firm Performance: Investor Preferences and Corporate Strategies. In: Academy of Management Review, 32. Jg., 2007: 137-147.

[28] MÜLLER-CHRIST, G. (2010): Nachhaltiges Management. Nomos Verlagsgesellschaft, Baden-Baden.

[29] MÜNSTERMANN, M. (2007): Corporate Social Responsibility: Ausgestaltung und Steuerung von CSR-Aktivitäten. Gabler Verlag, Wiesbaden.

[30] ORLITZKY, M./SCHMIDT, F. L./RYNES, S. L. (2003): Corporate Social and Financial Performance: A Meta-analysis. In: Organization Studies, 24. Jg., 2003: 403-441.

[31] RUPPERT, H./EIGNER-THIEL, S./GIRSCHNER, W./KARPENSTEIN-MACHAN, M./ROLAND, F./RUWISCH, V./SAUER, B./SCHMUCK, P. (2008): Wege zum Bioenergiedorf: Leitfaden für eine eigenständige Wärme- und Stromversorgung auf Basis von Biomasse im ländlichen Raum. Fachagentur für nachwachsende Rohstoffe e.V. (FNR) (Hrsg.), Gülzow.

[32] SCHAPER, C./EMMANN, C./THEUVSEN, L. (2011): Der Markt für Bioenergie. In: German Journal of Agricultural Economics, 60. Jg., 2011: 111-130.

[33] SCHULZE, B./WOCKEN, C./SPILLER, A. (2006): Relationship Quality in Agri-Food-Chains: Supplier Management in the German Pork and Dairy Sector. In: Journal on Chain and Network Science, 6. Jg., 2006: 55-68.

[34] SCHULZE, B./SPILLER, A./LEMKE, D. (2008): Glücksschwein oder arme Sau? Die Einstellung der Verbraucher zur modernen Nutztierhaltung. In: Schulze, B./Spiller, A. (Hrsg.): Zukunftsperspektiven der Fleischwirtschaft: Verbraucher, Märkte, Geschäftsbeziehungen. Universitätsverlag, Göttingen: 465-488.

[35] SCOTT, W. R./MEYER, J. W. (1994): Developments in Institutional Theory. In: Scott, W. R./Meyer, J. W. (Hrsg.): Institutional Environments and Organizations: Structural Complexity and Individualism. Thousand Oaks, Sage.

[36] SPILLER, A./WOCKEN, C. (2006): Supplier Relationship Management – Konzept zur Verbesserung der Geschäftsbeziehungen zwischen Milcherzeugern und Molkereien. In: Deutsche Milchwirtschaft, 57. Jg., Nr. 3, 2006: 108-110.

[37] TANGERMANN, S. (2011): Risk Management in Agriculture and the Future of the EU's Common Agricultural Policy. International Centre for Trade and Sustainable Development (ICTSD) (Hrsg.). Genf.

[38] THEUVSEN, L. (2009): Stakeholder-Management in Nonprofit-Organisationen. Studienbrief für die Hamburger Fern-Hochschule. Hamburg.

[39] THEUVSEN, L./HEYDER, M./JANZE, C. (2010a): Agribusiness in Deutschland 2010. Unternehmen auf dem Weg in neue Märkte. Studie in Zusammenarbeit mit Ernst & Young. Hannover.

[40] THEUVSEN, L./FRIEDRICH, N./EMMANN, C. (2010b): Entwicklung der Tierhaltung in Niedersachsen unter Berücksichtigung umweltrelevanter Aspekte. Studie für das Niedersächsische Ministerium für Ernährung, Landwirtschaft, Verbraucherschutz und Landesentwicklung. Arbeitsbericht. Göttingen.

[41] TORRES, A./AKRIDGE, J. T./GRAY, A./BOEHLE, M./WIDDOWS, R. (2007): An Evaluation of Customer Relationship Management (CRM) Practices among Agribusiness Firms. In: International Food and Agribusiness Management Review, 10. Jg., Nr. 1, 2007: 36-60.

[42] VON CARLOWITZ, H. C. (1713): Sylvicultura oeconomica oder Hauswirtliche Nachricht und Naturgemäße Anweisung zur Wilden Baum-Zucht. – Reprint der Ausgabe Leipzig, Braun, 1713. TU Bergakademie Freiberg. Akad. Buchhandlung 2000.

[43] WESTFLEISCH (2007): Qualitätspartnerschaft: Das Westfleisch-Prinzip. Münster.

[44] WISSENSCHAFTLICHER BEIRAT DER BUNDESREGIERUNG GLOBALE UMWELTVERÄNDERUNGEN (WGBU) (2008): Welt im Wandel – Zukunftsfähige Bioenergie und nachhaltige Landnutzung. Gutachten des wissenschaftlichen Beirats der Bundesregierung Globale Umweltveränderungen. Berlin.

[45] ZSCHACHE, U./VON CRAMON-TAUBADEL, S./THEUVSEN, L. (2009): Die öffentliche Auseinandersetzung über Bioenergie in den Massenmedien. Diskursanalytische Grundlagen und erste Ergebnisse. Diskussionspapier Nr. 0906, Department für Agrarökonomie und Rurale Entwicklung der Georg-August-Universität Göttingen.

[46] ZSCHACHE, U./VON CRAMON-TAUBADEL, S./THEUVSEN, L. (2010): Öffentliche Deutungen im Bioenergiediskurs. In: Berichte über Landwirtschaft, Bd. 88, 2010: 502-512.

Nachhaltigkeit in der öffentlichen Wahrnehmung – Chance oder Risiko?

Dr. Torsten Weber (AFC Risk & Crisis Consult GmbH)

1. Einleitung

KitKat, Nestlé und Greenpeace sind beim Thema **nachhaltiges Wirtschaften** zurzeit „in aller Munde". Man fragt sich jedoch, in welchem Kontext diese Namen immer wieder diskutiert werden, denn ein direkter Zusammenhang erschließt sich einer „unwissenden" Person dabei zunächst nicht Die Antwort ist: „Nachhaltigkeit bzw. Nicht-Nachhaltigkeit." Greenpeace behauptet, dass die Produktion von Schokoriegeln wie KitKat von Nestlé zur Zerstörung des indonesischen Urwalds beiträgt und damit die Lebensgrundlage der vom Aussterben bedrohten Orang-Utans vernichtet. Dieses „nicht-nachhaltige" Wirtschaften wurde von Greenpeace kommunikativ aufbereitet und in einer großen Medienkampagne über YouTube verbreitet. Nestlé wollte daraufhin handeln, ließ den Spot auf YouTube sperren und erlebte ein wahres PR-Desaster. Private Blogger hatten längst Kopien erstellt, das Video erzeugte einen Klick-Ansturm im Internet. Greenpeace zufolge schauten es sich weltweit mehr als eine Million Menschen an und Nestlé galt in einer breiten Öffentlichkeit als „nicht-nachhaltig". Beispiele wie dieses zeigen, dass Unternehmen vor der Herausforderung stehen, nachhaltige Aspekte und Kriterien entlang ihrer Supply Chain zu berücksichtigen. Andernfalls droht in der **Öffentlichkeit** der „Image-Super-Gau".

Der folgende Beitrag orientiert sich an den Fragestellungen wer oder was vor dem Hintergrund der Nachhaltigkeit eben jene Öffentlichkeit darstellt und welche Themen dort diskutiert werden. Anschließend soll kurz auf die Chancen und Risiken der Nachhaltigkeit eingegangen werden, bevor abschließend Möglichkeiten und Erfolgsfaktoren eines effektiven und effizienten Nachhaltigkeitsmanagements aufgezeigt werden. Abbildung 1 zeigt die grobe Gliederung des vorliegenden Beitrags.

Abbildung 1   Zentrale Fragstellungen

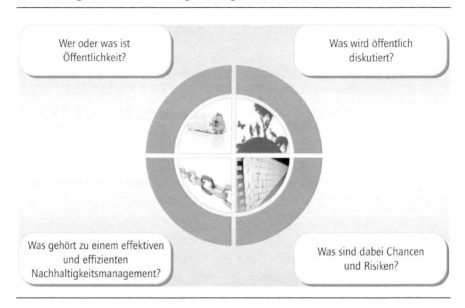

2. Wer oder was ist Öffentlichkeit?

Es gilt zu klären, welche **Anspruchsgruppen der Öffentlichkeit** als „Treiber des nachhaltigen Gedankens" anzusehen sind. Als Anspruchsgruppen können grundsätzlich solche Gruppen bezeichnet werden, die Einfluss auf die Zielerreichung eines Unternehmens nehmen bzw. potenziell nehmen können oder – in weiterer Fassung – die von den Auswirkungen der Unternehmenstätigkeit in irgendeiner Form betroffen sind. Anspruchsgruppen, die speziell ein nachhaltiges Management von Unternehmen verlangen sind bspw. Verbraucher, Wirtschaftspartner, Medien oder Nichtregierungsorganisationen (NGOs). Abbildung 2 skizziert die unterschiedlichen Anspruchsgruppen der Öffentlichkeit, die besonders beim Thema Nachhaltigkeit relevant sind.

Abbildung 2 Anspruchsgruppen der Öffentlichkeit

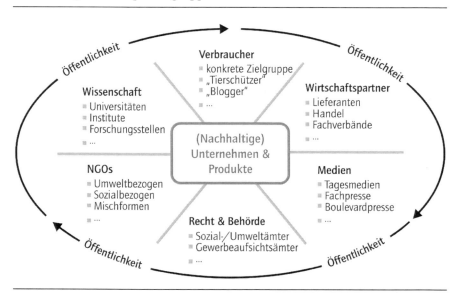

Grundsätzlich gilt, dass die Gruppe der **Verbraucher** die wichtigste Anspruchsgruppe darstellt, schließlich entscheidet sie darüber, ob nachhaltige Produkte nachgefragt werden oder nicht. Studien belegen, dass Verbraucher bereit wären einen bestimmten Prozentsatz für die Berücksichtigung sozialer und ökologischer Kriterien bspw. in der Beschaffung und Produktion zu zahlen. Dennoch bleibt bis heute oftmals ungewiss, ob der Verbraucher am Point of Sale tatsächlich mehr für nachhaltige Produkte bezahlen würde. Besonders wichtig – speziell aufgrund der Vermittlungs- und Streuungsfunktion – gelten weiterhin die Gruppen der Medien und NGOs:

Medien ...
- fällt in der Kommunikation um kontrovers geführte Themen eine Schlüsselrolle zu,
- bilden ein Instrument der Wissensvermittlung,
- legen den Grundstein für Image und Glaubwürdigkeit,
- bedienen sich häufig emotionaler Formulierungen,
- haben eine Agenda-Setting-Funktion.

NGOs ...
- treten häufig als Impulsgeber in der Öffentlichkeit auf,
- verfolgen gerne das „David-gegen-Goliath-Prinzip",
- argumentieren häufig unsachlich und emotional,
- suchen nur selten den Dialog oder einen Kompromiss,
- nutzen Kampagnen kaum zur Verbraucher-Information,
- stehen im Verdacht, nur auf Spendengelder fixiert zu sein.

3. Was wird öffentlich diskutiert?

Bei Betrachtung der Agrar- und Ernährungsbranche sowie der speziellen Teilbranchen fällt auf, dass für die einzelnen Bereiche unterschiedliche **Themen der Nachhaltigkeit** relevant sein dürften. Dies wird in der folgenden Abbildung 3 verdeutlicht. Diese skizzierten Themen sind jeweils Gegenstand der Diskussion um ein nachhaltiges Management und bilden demnach den „Gesprächsstoff" für die Öffentlichkeit.

Nachhaltigkeit in der öffentlichen Wahrnehmung 127

Abbildung 3 Themen der Nachhaltigkeit in der Ernährungsbranche

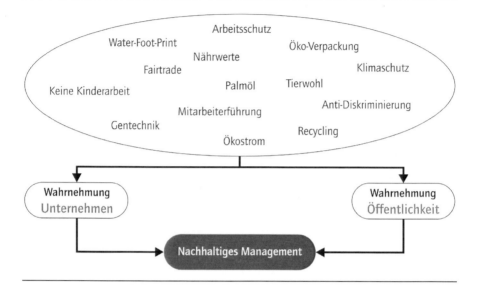

Neben den allgemeinen Themen, wie bspw. der Reduzierung des CO_2-Ausstoßes oder dem Rückgriff auf erneuerbare Energien in der Produktion spielen insbesondere alle sozialen Themen, wie Mitarbeiterführung oder Anti-Diskriminierung zurzeit eine herausgehobene Rolle. Für viele Teilbranchen bzw. unter anderem für die Produktgruppen Margarine, Kekse, Tiefkühlpizza spielt bspw. das Thema eines nachhaltig beschafften Palmöls eine wichtige Rolle. Chancen und Risiken bringen diese Themen für Unternehmen und deren nachhaltiges Management erst mit sich, wenn sie nicht nur vom Unternehmen selbst wahrgenommen und vorangetrieben werden, sondern wenn sie die Relevanz besitzen, in der Öffentlichkeit diskutiert und unter Umständen anders bewertet zu werden.

4. Was sind dabei Chancen und Risiken?

Da Unternehmen unter ständiger Beobachtung stehen, birgt die Übernahme sozialer und ökologischer Verantwortung – neben den vielfältigen **Chancen**, wie bspw. Imageverbesserungen oder einer erhöhten Motivation von Mitarbeitern – potenzielle **Risiken** mit sich. Die Abbildung 4 skizziert einige Risiken des Themas Nachhaltigkeit, deren Betrachtung immer vor dem Hintergrund der Anspruchsgruppen erfolgen sollte.

Abbildung 4 Risiken der Nachhaltigkeit

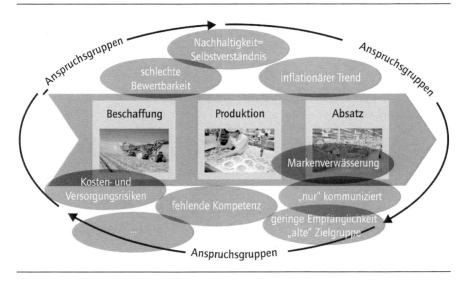

Die Beschädigung der Marke und damit die Gewährleistung betrieblicher Kontinuität werden bei keiner Berücksichtigung nachhaltiger Kriterien gefährdet, was durch ein präventives Management reduziert werden kann. Im Rahmen des Risikomanagements soll die Sicherstellung der Existenz eines Unternehmens erzielt werden, indem existenzbedrohende Risiken frühzeitig identifiziert und analysiert, bewertet und gesteuert werden. Eine angepasste Risikovermeidungsstrategie hat zum Ziel, geeignete Strukturen und Prozesse, Instrumente und Dokumente für das Unternehmen zu entwickeln und dieses dadurch nachhaltig abzusichern. Im Zusammenhang mit dem Konstrukt der Nachhaltigkeit können dies bspw. Kosten- und Versorgungsrisiken, die schlechte Bewertbarkeit nachhaltiger Kriterien oder die derzeitige Produkt- und Labelflut sein. So existieren neben Zeichen, die nur bei Einhaltung genau definierter Herstellungs- und Beschaffenheitsstandards vergeben werden, eine Fülle von Zeichen und Werbeaussagen, für die keine transparente Vergaberichtlinien verwendet werden und erhöhen speziell für Verbraucher und die Öffentlichkeit die Komplexität des Themas Nachhaltigkeit in starkem Maße.

5. Was gehört zu einem effektiven und effizienten Nachhaltigkeitsmanagement?

Die Erzielung von Chancen und das Auftreten von Risiken im Rahmen von unternehmerischen Nachhaltigkeitsstrategien sind eng mit der (Nicht-)Berücksichtigung verschiedener **Erfolgsfaktoren** verknüpft. Es lassen sich dabei vier zentrale Aspekte ableiten: Produkt-/ Markenbezug („Fit"), Integration in Unternehmenskultur, Transparenz und Strategisches Management.

Abbildung 5 Erfolgsfaktoren des Nachhaltigkeitsmanagements

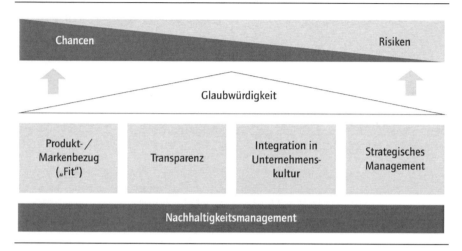

Die Beurteilung der möglichen Nachhaltigkeitsaktivitäten eines Unternehmens sowie die anschließende Informationsverarbeitung beim Verbraucher werden in starkem Maße von einem wahrgenommenen **Fit** (Übereinstimmung) bzw. einer **inhaltlichen Kongruenz** zwischen Handeln und dem verknüpften Produkt und der Marke bestimmt. Eine mangelnde Übereinstimmung kann beim Konsumenten zu Dissonanzen führen und reaktantes Verhalten (Nichtkauf) auslösen. Für Unternehmen besteht somit die Gefahr, dass gewählte Elemente einer Nachhaltigkeitsstrategie sowie die damit verbundenen Aktivitäten nicht zum Produkt und der Marke passen oder sogar kritisch hinterfragt werden, ob sie unter dem Vorwand der Hilfeleistung lediglich Profitziele verfolgen. Vorwürfe des Greenwashing sind nicht selten die Folge. Hiermit werden PR-Methoden kritisiert, die Unternehmen in der Öffentlichkeit ein umweltfreundliches und verantwortungsvolles Image verleihen wollen, ganz im Sinne „Mehr Schein als Sein".

Je mehr Informationen über einen Markt vorliegen, umso transparenter ist er. Gleichzeitig entsteht durch **Transparenz** Glaubwürdigkeit. Nicht zuletzt im Agrar- und Ernährungssektor wird bei Missständen oder vermeintlichen „Skandalen" die Glaubwürdigkeit der Akteure in regelmäßigen Abständen in Frage gestellt. Glaubwürdigkeit ist jedoch von zentraler Bedeutung für die Wirksamkeit von Handlungsmotiven. Für die Schaffung von Transparenz im Rahmen der Nachhaltigkeit können Verhaltensprinzipien, Standards und Normen eine Grundlage bilden. So existiert bspw. die Normenfamilie ISO 14000 (Umweltnorm), die sich auf die mit Produktionsprozessen und Dienstleistungen verbundenen Fragen des Umweltmanagements bezieht, die Business Social Compliance Initiative (BSCI), die das Ziel einer weltweiten Verbesserung von Arbeitsbedingungen in globalen Supply Chains verfolgt, der Social Accountability (SA) 8000 als erster weltweit zertifizierbarer Standard für die sozial verantwortliche Unternehmensführung oder das Eco-Management and Audit Scheme (EMAS), das den Anforderungen der ISO 14001 entspricht und das Ziel einer kontinuierlichen Verbesserung der Umweltleistung hat. Darüber existiert seit dem Jahr 2011 die Normenfamilie ISO 26000 (Ethiknorm). Diese nicht zertifizierbare Norm soll definieren, was „gesellschaftlich verantwortliches Handeln" ausmacht und Empfehlungen formulieren, wie dieses in einer Organisation implementiert werden sollte.

Die Einbindung von nachhaltigkeitsrelevanten Aktivitäten in das unternehmerische Handeln sollte daher vor dem Hintergrund der Berücksichtigung der jeweiligen **Unternehmenskultur** sowie des -images geschehen. Nicht jedes Unternehmen eignet sich für alle Aktivitäten. Die in einem Unternehmen verstandene und gelebte Kultur muss jedoch mit den geplanten Aktionen vereinbar sein. Wichtig ist dabei, dass das ökonomische, soziale und ökologische Engagement Bestandteil der zugrunde liegenden Unternehmensstrategie ist und auf der Basis eines stimmigen Wertesystems aufbaut.

Als letzter zentraler Aspekt ist das **strategische Management** der Nachhaltigkeit zu nennen. Vielfach mangelt es Unternehmen keinesfalls am Willen oder Ideen im Kontext der Nachhaltigkeit. Vielmehr wird teilweise die strategische und schrittweise Umsetzung der relevanten Maßnahmen versäumt. Die Akteure lassen sich mitunter vom Markt „treiben" und setzen unter Druck eine ad-hoc-Nachhaltigkeit um. Die Ursachen hierfür liegen in verschiedenen Aspekten begründet, unter anderem mangelndes Know-How innerhalb dieses sehr komplexen Tätigkeitsfeldes, fehlende interne Unterstützung oder geringe finanzielle und personelle Ressourcen.

6. Fazit

Nachhaltigkeit wird in den nächsten Jahren zunehmend zum integralen Bestandteil der politischen und wirtschaftlichen Entwicklung werden. Zeugnis davon künden unter anderem die europäische und deutsche Nachhaltigkeitsstrategie, das zentrale Engagement der Vereinten Nationen und die hochrangige Verankerung des Leitbildes der Nachhaltigkeit, neben den Zielen Beschäftigung und Lebensqualität, in der EU. Nachhaltigkeit löst demnach eine neue Bewegung bzw. Marschrichtung aus und ist zum Trend geworden. Dabei müssen Unternehmen jedoch berücksichtigen, dass sie mit ihrem Handeln stets in der Öffentlichkeit agieren und eine Orientierung an den Erfolgsfaktoren des nachhaltigen Wirtschaftens erfolgen sollte. Gelingt dies, können vielfältige Chancen für Unternehmen genutzt werden, die nicht nur das Image des Unternehmens verbessern, sondern sich final auch in monetären Zuwächsen darstellen.

„Nachhaltiges Management" – rechtliche Gesichtspunkte

Dr. Markus Grube (Krell Weyland Grube Rechtsanwälte)
Prof. Dr. Ulrich Krell (Krell Weyland Grube Rechtsanwälte)

1. Einleitung

Wer Nachhaltigkeitsarbeit betreibt und mit dieser für sein Unternehmen oder seine Dienstleistungen wirbt, ist an die Einhaltung bestimmter rechtlicher Gegebenheiten gebunden. Bis Mitte der 2000er Jahre war Werbung mit Nachhaltigkeitsaspekten rechtlich in weitem Maße nicht möglich, da in einer Werbung mit Nachhaltigkeitsthemen stets eine Form unzulässiger gefühlsbetonter Werbung ohne hinreichenden Sachbezug gesehen wurde. Dies änderte sich durch die Rechtsprechung des Bundesgerichtshofs, so dass zurzeit Werbung mit Nachhaltigkeitsgesichtspunkten rechtlich möglich ist. Durch die Fortschreibung der Gesetzeslage zum Unlauterkeitsrecht wird jedoch diskutiert, zukünftig Aussagen zur unternehmerischen Nachhaltigkeitsarbeit obligatorisch werden zu lassen, da die Verbraucher mit Blick auf diese Informationen als gewissermaßen „zweiten Preis" einer Ware regelmäßig ein Interesse hätten.

Der Begriff der „Nachhaltigkeitsarbeit" wird häufig mit dem Begriff der „Corporate Social Responsibility (CSR)", also der sozialen Verantwortung der Unternehmen gleichgesetzt. Streng genommen umfasst der Nachhaltigkeitsbegriff ein weiteres Spektrum als derjenige des CSR, da letzterer – jedenfalls ausdrücklich – „nur" die **soziale** Verantwortung der Unternehmen behandelt. Aufgrund der nahezu synonymen Verwendung beider Begriffe soll auch im vorliegenden Beitrag eine weitere Differenzierung unterbleiben.

Eine Legaldefinition des Nachhaltigkeits- oder CSR-Begriffes existiert nicht. Es findet sich lediglich ein Vorschlag der Europäischen Kommission, den CSR-Begriff zu definieren als „soziale Verantwortung der Unternehmen ist ein Konzept, das den Unternehmen als Grundlage dient, um auf freiwilliger Basis soziale und ökologische Belange in ihre Unternehmenstätigkeit und in ihre Beziehungen zu den Stakeholdern zu integrieren" (EU-KOMMISSION). Auch insoweit wird deutlich, dass der CSR-Begriff über die rein soziale Komponente hinaus verstanden wird.

CSR-Arbeit stellt also den Versuch dar, wirtschaftliche, soziale und ökologische Belange mit der Geschäftstätigkeit zu vereinbaren. Die Notwendigkeit für ein solch ausgleichendes Management besteht in der unternehmerischen Ausgangslage auf der Grundlage globalisierter Wertschöpfungs- und Vertriebsstrukturen. Diese Strukturen konfrontieren den Unternehmer mit einem internationalen Rechtsgefälle, welches bekanntermaßen ethische Probleme aufwerfen kann, bspw. wenn in verschiedenen Ländern unterschiedliche Lohnniveaus oder unterschiedliche arbeitsschutzrechtliche Anforderungen eine Verlagerung der Produktion zu Lasten der „schwächeren Arbeitnehmer" nahelegen.

2. Inner- und überbetriebliche Regelwerke

Als Lösungsinstrument bietet CSR-Arbeit, sich zur Vermeidung von Image- und Reputationsschäden gewissermaßen freiwillig unternehmerisch zu disziplinieren. Diese „Disziplinarmaßnahmen" erfolgen entweder im Wege freiwilliger **innerbetrieblicher** Institutionen und Regelwerke oder im Wege freiwilliger **überbetrieblicher** Institutionen und Regelwerke. Erstgenannte innerbetriebliche Regelwerke zeigten jedoch nicht den Effekt, die „Außenwelt" effektiv von der unternehmerischen Nachhaltigkeitsarbeit zu überzeugen. Ihnen fehlt gewissermaßen die neutrale oder gar quasi-amtliche Anerkennung. Es handelt sich um rein innerbetriebliche Konzepte, wie bspw. innerbetriebliche Anti-Diskriminierungsprogramme oder innerbetriebliche Selbstverpflichtungen zum ressourcenschonenden und damit umweltfreundlichen Umgang mit Arbeitsmaterialien.

Interessanter ist dagegen der Hinweis auf freiwillige überbetriebliche Regelwerke, welche von übergeordneter Stelle wie „Quasi-Zertifizierungen" überwacht werden. Beispiele überbetrieblicher Regelwerke sind internationale Initiativen wie der UN-Global Compact, die OECD-Leitsätze für multinationale Unternehmen, die ISO 26000, der ICC-Leitfaden zur Verantwortung für die Zulieferkette, die Business Social Compliance Initiative (BSCI) oder die Konventionen der internationalen Arbeitsorganisation (ILO).

Der UN-Global Compact wurde 1999 von dem damaligen Generalsekretär der Vereinten Nationen, Herrn Kofi Annan, ins Leben gerufen. Mittels einer schriftlichen Erklärung kann jedes Unternehmen an den Generalsekretär der Vereinten Nationen herantreten und sein Bemühen zum Ausdruck bringen, bestimmte soziale und ökologische Mindeststandards einzuhalten. Diese betreffen die Einhaltung der Menschenrechte, die Anerkennung von Gewerkschaftsarbeit, die Vermeidung von Zwangs- und Kinderarbeit sowie Diskriminierung, darüber hinaus die Vermeidung von Umweltgefährdungen und ein Entgegenwirken der Korruption. Wegen ihrer Vagheit und ihres Charakters als reine Absichtserklärung gilt ein Beitritt zum UN-Global Compact als bestenfalls schwache Form der Nachhaltigkeitsarbeit, wenn nicht gar als so genanntes „Blue Washing", also als Maßnahme zu dem Ziel, ohne echtes Engagement und sich der Nachhaltigkeitsarbeit rühmen zu können.

Konkreter wird da schon die BSCI, deren so genannter „Code of Conduct" zwar ähnliche Ziele und Kriterien aufstellt, wie derjenige des UN-Global Compacts, die unternehmerische Verpflichtung jedoch auf eine schrittweise und vor allem nachweisliche Verbesserung in den genannten Bereichen zielt. Die zu belegenden Verbesserungsschritte werden so durch interne und externe Kontrollen geprüft, was das BSCI-Programm in die Nähe eines echten Zertifizierungsprogrammes rückt (freilich ohne dies zu sein).

3. Rechtliche Beispiele aus der Praxis

Die Probleme, vor denen bis Mitte der 2000er Jahre Unternehmen bei der Werbung mit Nachhaltigkeitsarbeit standen, werden deutlich, wenn man sich den Sachverhalt zum später vom Bundesgerichtshof entschiedenen Fall „Artenschutz" vor Augen führt (BGH, 2005). Das damals von einem Verbraucherschutzverein beklagte Unternehmen betrieb Augenoptikergeschäfte und warb in Zeitungsanzeigen unter der Überschrift „echt tierisch" für Sonnengläser. Dabei war die Anzeige hälftig mit der Abbildung eines Papageis ausgestattet, deren unterer Bereich das Embleme der „Aktionsgemeinschaft Artenschutz e. V." mit einem umlaufenden Text „XY-Optik unterstützt die Aktionsgemeinschaft Artenschutz e. V." eingefügt war. Der damals klagende Wettbewerbsverein beanstandete den Hinweis auf die Unterstützung der Aktionsgemeinschaft Artenschutz e. V. in der Anzeige als wettbewerbswidrig, da diese Imagewerbung in keinem Sachzusammenhang mit dem Warenangebot stehe und das Kundenverhalten in unsachlicher, nicht durch die beworbenen Leistungen gerechtfertigter Weise beeinflusst werde. Das werbende Unternehmen hebe nämlich durch den Hinweis auf seine Unterstützung der Aktionsgemeinschaft Artenschutz e. V. sein eigenes Ansehen beim Verbraucher und mache diesen geneigt, das unternehmerische soziale Engagement bei der Kaufentscheidung zu berücksichtigen. Hierin sei eine unzulässige gefühlsbetonte Werbung zu sehen. Das Unternehmen gebe durch seine Anzeige nicht nur bekannt, dass die Aktionsgemeinschaft Artenschutz e. V. für den Artenschutz eintrete und darin von dem Unternehmen unterstützt werde. Der Verbraucher sehe hierin zugleich die Anregung, die Aktionsgemeinschaft Artenschutz e. V. **mittelbar** zu unterstützen, indem man bei dem beklagten Unternehmen einkaufe. Das werbende Unternehmen nutze so ohne sachliche Veranlassung das soziale Engagement oder das Gewissen von Verbrauchern für unternehmerische Interessen aus. Dies werde gerade von sachlich engagierten Verbrauchern und Unternehmen als missbräuchlich und anstößig empfunden. Auch der Umstand, dass es nicht um eine unmittelbare Förderung des Warenabsatzes gehe, sondern um eine Imagewerbung, ändere an der rechtlichen Bewertung nichts.

"Nachhaltiges Management" – rechtliche Gesichtspunkte 137

Diese Vorhaltungen und rechtlichen Wertungen, wie sie gegenüber den Betreibern der Optiker-Kette geltend gemacht wurden, beschreiben komprimiert, aber umfassend die rechtlichen Hindernisse, die bis Mitte der 2000er Jahre für Unternehmen bei einer effektiven Werbung mit Nachhaltigkeitsarbeit kaum zu überwinden waren. Allerdings läutete der Bundesgerichtshof mit seiner Entscheidung in dem genannten Fall eine Zeitenwende ein und erlaubte erstmalig Werbeformen, wie diejenige der beanstandeten Optiker-Anzeige. Nahezu ohne nähere Begründung seiner Kehrtwende entschied der Bundesgerichtshof in dem genannten Fall, dass es wettbewerbsrechtlich grundsätzlich unbedenklich sei, wenn sich die Werbung nicht auf Sachangaben, insbesondere auf Eigenschaften oder den Preis der beworbenen Erzeugnisse beschränke, sondern Gefühle anspreche. Eine Werbeaussage könne daher nicht schon dann als unlauter angesehen werden, wenn das Kaufinteresse durch soziales Verantwortungsgefühl oder Hilfsbereitschaft, des Mitleids oder des Umweltbewusstseins geweckt werden solle, ohne dass ein sachlicher Zusammenhang zwischen dem in der Werbung angesprochenen Engagement und der beworbenen Ware bestehe, und nur zielbewusst und planmäßig an Gefühle appelliert werde, um diese im eigenen wirtschaftlichen Interesse als entscheidende Kaufmotivation auszunutzen.

Diese Rechtsprechung festigte der Bundesgerichtshof dann in seinen Entscheidungen **Regenwaldprojekt I und Regenwaldprojekt II** (BGH, 2006). In den genannten Entscheidungen geht es um die Werbung der Krombacher Brauerei, in deren Rahmen die damals beklagte Brauerei für das von ihr hergestellte und im gesamten Bundesgebiet vertriebene Bier mit einer von ihr als „Krombacher Regenwaldprojekt" bezeichneten Aktion warb. Dazu legte die Brauerei in den Verkaufsstellen den Bierkästen ein Einlegeblatt bei, in dem es unter anderem hieß:

„Schützen Sie einen m^2 Regenwald. Die Krombacher Regenwald-Aktion läuft vom 01.05. bis 31.07.2002. In diesem Zeitraum wird mit jedem gekauften Kasten Krombacher ein m^2 in Dzanga Sangha nachhaltig geschützt. Dies stellt der WWF Deutschland sicher."

Zudem warb die Brauerei mit Fernsehwerbespots unter Beteiligung des Journalisten und Fernsehmoderators Günther Jauch mit den folgenden Inhalten:

„Das Krombacher Regenwaldprojekt: Stellen Sie sich vor, Sie gehen zu Ihrem Getränkehändler und der sagt Ihnen, wenn Sie jetzt einen Kasten Krombacher kaufen, schützen Sie einen m^2 Regenwald. Häh, wieso Regenwald? Weil es Themen gibt, für die man sich auch mit ungewöhnlichen Mitteln engagieren kann, und so ist Krombacher auf die Idee gekommen, unterstützt vom WWF und dem Entwicklungsministerium, eine einmalige Aktion ins Leben zu rufen. Das Krombacher Regenwaldprojekt. (..) Mit jedem Kasten Krombacher, den Sie kaufen, schützen Sie einen m^2 Regenwald. Und der WWF sorgt dafür, dass diesem Regenwald in den kommenden 100 Jahren nichts passiert. (...). "

Der damals klagende Schutzverband gegen Unwesen in der Wirtschaft e. V. trug vor, es werde der Anschein erweckt, dass mit dem Kauf jedes Kastens Krombacher Bier ein m^2 Regenwald in einer Art dinglich gesicherter Patenschaft geschützt werde, während tatsächlich nur eine allgemeine finanzielle Unterstützung erfolge. Darüber hinaus verschleiere die beklagte Brauerei, dass sie pro Kasten Bier – entgegen der angesichts des hohen Werbeaufwands erweckten Verbrauchererwartung – nur einen geringen Beitrag von wenigen Cent an den World Wide Fund for Nature (WWF) abführe, mit dem ein nachhaltiger Schutz kaum gewährleistet werden könne. Außerdem sei die Werbung intransparent. Es erfolge keine Aufklärung darüber, wie der Schutz aussehe, wie er gewährleistet werde und für welche Dauer er geschaffen werden solle. Umweltwerbung sei schon deshalb unzulässig, weil es an einem sachlichen Zusammenhang zwischen dem beworbenen Produkt und dem Engagement für die Umwelt fehle. Die Werbung sei zudem irreführend. Der Verbraucher verstehe die Werbung so, dass die Brauerei oder der WWF eine Rechtsposition erwerbe, die das Regenwald-Gebiet den Zugriffen Dritter entziehe, während tatsächlich nur eine Spende erfolge. Durch die mit der Zuwendung finanzierten Maßnahmen könne das Gebiet nicht dauerhaft vor Rodungen geschützt werden.

Aufgrund der fehlenden Aufklärung über die Art und Weise der Unterstützung sei zudem dem Transparenzgebot nicht ausreichend Rechnung getragen.

Der Bundesgerichtshof entschied die Sache zu Gunsten der Krombacher Brauerei und wiederholte seinen Standpunkt, dass eine Werbung nicht bereits deshalb wettbewerbswidrig sei, weil diese an das Umweltbewusstsein der angesprochenen Verkehrskreise appelliere, ohne dass ein sachlicher Zusammenhang zwischen dem in der Werbung angesprochenen Engagement und der beworbenen Ware bestehe. Die freie Entscheidung der Verbraucher werde regelmäßig nicht dadurch gefährdet, dass die Kaufentscheidung nicht auf ausschließlich wirtschaftlichen Überlegungen, sondern auch auf der Möglichkeit beruhe, sich durch die vom Unternehmer versprochene Förderung eines Dritten für das damit verbundene Ziel zu engagieren.

Interessanterweise – und nach Meinung der Verfasser steht es offen, ob der Bundesgerichtshof im Jahre 2011 entsprechend argumentieren würde – sah der Bundesgerichtshof jedenfalls im Jahre 2006 auch keinen Verstoß gegen das Transparenzgebot als gegeben an. Eine allgemeine Verpflichtung des Unternehmens, über die Art und Weise der Unterstützung oder die Höhe bzw. den Wert der ausgelobten Zuwendung aufzuklären, bestehe nicht. Habe der Werbende keine nach Art und Umfang näher bestimmte Leistung versprochen, werde der Verbraucher nur erwarten, dass das werbende Unternehmen zeitnah überhaupt eine Unterstützungsleistung erbringe und diese nicht nur so geringfügig sei, dass sie die werbliche Herausstellung nicht rechtfertige. Die Werbung mit einem nicht näher spezifizierten Sponsoring allein sei daher nicht geeignet, aufgrund mangelnder Transparenz die angesprochenen Verkehrskreise unangemessen unsachlich zu beeinflussen oder diese über die Art und Weise der Unterstützungsleistung oder deren Umfang zu täuschen.

Die Entscheidung **Regenwaldprojekt II** betrifft dieselbe Werbekampagne, wobei noch andere juristische Fassetten vom Bundesgerichtshof beleuchtet werden, die im Rahmen dieses Aufsatzes keine Behandlung finden sollen.

4. Ausblick

Mit den genannten Entscheidungen hat der Bundesgerichtshof das Tor für Werbung mit Nachhaltigkeits- bzw. CSR-Arbeit aufgestoßen, wovon die werbende Wirtschaft in den folgenden Jahren dann auch zunehmend Gebrauch gemacht hat.

Mit einer UWG-Novelle, die zum 30.12.2008 in Kraft getreten ist, hat der deutsche Gesetzgeber die europäische Richtlinie über unlautere Geschäftspraktiken 2005/29/EG in nationales Recht umgesetzt. Die genannte Richtlinie betrifft branchenübergreifend Vertriebs- und Werbemaßnahmen von Unternehmen gegenüber Verbrauchern. Neu ist die Einführung eines § 5 a des Gesetzes gegen unlauteren Wettbewerb (UWG), mit welchem den Unternehmen eine Reihe von Informationspflichten auferlegt werden. Unterbleiben diese Informationen, so kann der Tatbestand einer Irreführung durch Unterlassen verwirklicht sein. Die Informationspflichten betreffen z.B. Angaben über die wesentlichen Merkmale von Waren oder Dienstleistungen und Zahlungsbedingungen. Fehlen in der Werbung Informationen, die für den Verbraucher wesentlich sind und wird hierdurch dessen Entscheidungsfreiheit beeinflusst, gilt die Werbung als unlauter.

In der rechtswissenschaftlichen Diskussion wird nunmehr vereinzelt die Auffassung vertreten, die Informationspflichten nach § 5 a UWG beträfen auch CSR-Aktivitäten, da diese Informationen als gewissermaßen „Daten des zweiten Preises eines Produktes" wesentlich im Sinne der genannten Vorschrift seien (PFEIFER, 2010).

Ob Nachhaltigkeitsarbeit ein wesentliches Merkmal einer Ware oder Dienstleistung im Sinne von § 5 a UWG darstellen kann, muss nach Ansicht der Verfasser allerdings kritisch beurteilt werden. Denn anders als bei aktiv getroffenen Aussagen geht im Bereich des Unterlassens das Informationsbedürfnis vom Verbraucher aus. Welche Daten diesem Informationsbedürfnis des Verbrauchers entsprechen, wird durch das Verbraucherleitbild mit all seinen Unsicherheiten und seinem Wandel bestimmt. Nähme man an, auf der Grundlage von § 5 a UWG seien Informationen über Nachhaltigkeitsaspekte, wie sie vom Verbraucher erwartet werden, maßgeblich, so bedeutet dies für die Unternehmen, medial beeinflussten, tatsächlichen oder gefühlten Informationsbedürfnissen der Verbraucher nachgehen zu müssen.

Unternehmerische Selbstverpflichtungen im Bereich CSR sind aber nicht in wenigen Schlagworten erklärbar. Um bspw. die Grundzüge der BSCI zu verstehen, ist es nötig, sich die Regelwerke näher anzusehen. Aussagen mit Blick auf die BSCI in Werbematerialien können die Komplexität des Regelwerkes nicht bewältigen. Es muss aber zulässig sein, Werbung mit unternehmerischer Selbstverpflichtung in plakativer und griffiger Sprache zu kommunizieren, ohne dass jede Unschärfe der Aussage dem Unternehmen „negativ auf die Füße fällt".

Merkmale einer Ware, über die Unternehmen unaufgefordert im Sinne von § 5 a UWG aufzuklären haben, sind daher nur konkrete und unmittelbar auf die Ware oder Dienstleistung bezogene Faktoren. Komplexe Sachverhalte, die sich nicht zwingend im einzelnen Warenstück oder dem Dienstleistungsangebot 1:1 oder in klar beschreibbarer Weise niederschlagen, können daher von der Informationspflicht nach Art. 5 a UWG nicht erfasst sein. Gleichwohl ist allen werbenden Unternehmen sowie der Werbewirtschaft zu empfohlen, diese Rechtsentwicklung genau im Auge zu behalten.

Literatur

[1] BGH (2005): Urteil vom 22.09.2005, Az.: I ZR 55/02 – Artenschutz.

[2] BGH (2006): Urteile vom 26.10.2006 – I ZR 33/04 – Regenwaldprojekt I und I ZR 97/04 – Regenwaldprojekt II.

[3] EU-KOMISSION: Nachhaltiges und verantwortungsbewusstes Unternehmertum – Soziale Verantwortung der Unternehmen (CSR), http://ec.europa.eu/enterprise/policies/sustainable-business/corporate-social-responsibility/index_de.

[4] PFEIFER, K.-N. (2010): Einleitung E. Rn. 240 unter Bezugnahme auf eine Rede des ehemaligen Bundespräsidenten H. Köhler vom 09.07.2007 auf dem 1. Deutschen Verbrauchertag. In: Fezer, K.-H. (Hrsg.): UWG, 2. Auflage. München.

Teil 5
Ausblick

Triggering sustainable supply chains – Supporting consumers and opportunity for companies

Pieter van Midwoud (ecoScan)

1. Introduction

Sustainability is a fashionable word today, and like with fashion, there are those with good and those with bad taste.

About 200 years ago, it was foresters that first introduced the word „Nachhaltigkeit", german for „sustainability". The concept was simple; if you don't cut more timber than there is growing, you have an eternal supply of timber. That the word „sustainability" didn't exist before doesn't mean that it was not practised before, but it's an eye opener that the concept is still relatively young. It's probably because one only starts thinking about securing resources for the future if it becomes very apparent that the current practices will deplete them forever.

Unsurprisingly, it was also in forestry that the concept of „sustainability" was further developed into the triangle of economic, ecologic and social aspects. If you start thinking about securing resources for the future, you also start to realise that the continuous supply of timber does not depend on harvesting annual growth only, but also on how others use the forest and the health of the forest. In an unhealthy environment or with others that cut down your trees, your annual growth is diminished just as easily as over harvesting. Sustainability therefore with reason means working on the health of your economic, social and ecological activities.

This article helps you to understand why sustainability is such a hot topic at the moment, which opportunities it offers for companies and how we distinguish within this fashionable word the „good fashion" from the "bad". This will be explained by examining the historical perspective and the global trends. It explains contemporary consumer and company demands and concludes with a vision and practical suggestions for the future. Enjoy!

2. Historical context

To understand how sustainability came on the agenda, let's start with some basic biology.

For an individual or species to survive on planet earth it has to stay alive and reproduce itself. These are two processes that both cost energy. And when energy is used, energy has to be produced. And indeed, that's what most are working on. Just look outside, literally everything natural you see will be doing either the one; trying to get energy to stay alive, or the other; taking care of the next generation. Most animals and plants can only focus on energy input: eat, eat, eat, eat (and make sure you're not eaten). Only when conditions are ideal, they will reproduce, for example in spring, when food is abundant. For the rest of the time, all species have to work on constant energy input to stay alive, or hibernate to put energy use as low as possible.

Life on earth extracts its energy from other energy sources such as plants, animals or the sun. Here it is important to realise that animals do not intentionally use their energy sources sustainably, there is no lion that stops eating gazelle because it's not sure there will be any left for the time its cubs are adults. If resources are abundant, animals will use them as far as they can, just look at all the fat dogs on the street.

When we understand the above concept, an interesting question arises; if life on earth normally secures just enough energy to stay alive and reproduce, how on earth can a human being then ever afford to, say, sail from Europe to America?

From an energy perspective this is because humans are very innovative in sourcing and securing our energy input. We found a way in which one doesn't have to bother about finding food all the time and we have time that we can „invest" in an activity that will potentially enable us to use our energy even better, leading to more food consumption and more reproduction. In contrast to all other forms of life, we have energy left to expend on learning and exploring, essentially satisfying curiosity, if you like.

Columbus sailed to America and everywhere around us we see his legacy with humans exploring new worlds and trying to get further and better, satisfying an insatiable desire to develop. However, we couldn't have achieved this if we hadn't first established a system that enables us not to spend time on securing energy only. Or, the other way around, we can do this, because we have energy left for it. And during our learning and exploring, new „needs" develop, that we will try to satisfy effectively, so new time becomes available to further satisfy our curiosity, it's a „positive" feedback mechanism that is potentially endless.

With this biological explanation, we can understand the phenomena of globalisation. When the large „discoveries" started in about 1400, with Columbus's quest to the „New World" being (one of) the most famous, I think it's fair to say that for Europe globalisation truly started. The rich folks of Amsterdam, London and Paris, were all of a sudden putting exotic herbs on their food, drinking coffee and tea and enjoying jewellery made from South African gold. New habits emerged, that evolved into needs/wishes[1].

We all know that this was just the beginning. In the beginning of the 20th century, most people could only afford locally produced goods and they where often still producing a major part of their own food. An important fact, as this is the only situation in which people normally might be self-motivated to produce sustainably. Just as with the forester in the introduction, we will start thinking about how to produce sustainably if we can

---

[1] A participant at the workshop did a very good observation: the English language does not differentiate between the German „Bedarf" and „Bedürfnis".

really see that the current practise can no longer hold. We really have to see it with our own eyes and conclude that we potentially have a problem and then we hopefully have enough time and creativity to do something about it. In the „developed" world, there are not many such situations left. Today common consumer goods hail from all corners of the earth. Our needs are satisfied through resources that we cannot see, and thus cannot see collapse.

3. Global trends

The united nations predict that by 2050 there will be 9 billion people on the planet. All these people consume, which means that much more food and other products have to be produced. The demand for stable food products is already indicating this trend. Prices for cacao, cereals, coffee and sugar have increased constantly over the past 10 years. However, demand does not only increase because of the growing population, but also because the percentage of rich people (with even higher „needs") becomes larger[2]. The result of these two trends is that production will have to increase dramatically. This in turn means that the supply of raw materials and consequently the supply of our natural resources need to increase dramatically as well.

There are two ways in which our natural resources can satisfy this higher demand; expansion or intensification. This is not necessarily a bad thing (what choice do we have?), the question is how it is done.

Business-as-usual as it is practised today in many agricultural systems, mines, forests etc. has many short and long-term negative side effects.

---

[2] A sarcastic note: There have never been so many millionaires in the world as today. Most of them life in Russia and they made their money in the oil and gas business. Nice loophole: pumping up the limited resource natural gas until there is nothing left, turning it into money and spend the money on things that are unsustainably produced. The most effective way to screw the world in one generation!

Expansion and intensification of the current system means that the absolute number of people working in poor social conditions will grow and the production will further increase pollution. Furthermore deforestation will continue, as timber is needed and the forest soil is more valuable for growing crops than for cultivating trees. The intensification will also lead to more pests and diseases, as their „working environment" becomes further optimised. And, indeed, because our financial system wants to have an optimised return on investment in 3 to 5 years, the investors that have the power to set up a system that brings less, but long-term revenues, have the least interest to change the system.

Other „smart" guys also know that every year more fertile land is needed. Hedge funds nowadays own 60 million hectares of land in Africa. That is an area as large as France of cultivable land. They bet on it, because it's as simple as $1 + 1 = 2$ that it will be used sooner or later.[3]

4. Consequences for the manufacturer

Now imagine you are a small or midsize manufacturer in Europe. Perhaps the business has been in the family for some generations already and you have a keen interest to keep the company going for the foreseeable future. You buy your raw materials from various suppliers, put them together and sell your product in the market. What can you expect to happen in the coming decades through your supply chain that eventually impacts on your production?

First of all the price of your inputs will unproportionally increase. Firstly because there is increasing demand for the same raw materials and secondly because it becomes more expensive to produce them. This is partly because of the expansion of land (fertile land is further from for example harbours, prices for new land increase because of the high demand, hedge

---

3 http://www.bbc.co.uk/news/world-africa-13688683.

funds want their share) and partly because of the intensification of the production (more energy, pesticides and irrigation are needed).

Secondly there might be times that your input is simply not available anymore. Climate change driven droughts and floods mean yields will fail or countries will keep all products to themselves.

Thirdly the quality of your inputs will become less reliable. High prices or other limiting mechanisms force suppliers to choose a product of inferior quality than usual. In addition, the intensification and use of pesticides might bring unsafe products on the market, as we have recently seen with the EHEC bacteria or the antibiotics resistant vegetables in Holland.

5. Consequences for the consumer

In this battle for land, raw materials, prices and production of quality goods, its not the consumer that is the happy beneficiary. Quite the contrary: unsustainable increase in production has negative consequences for the consumer.

Lets start with the most obvious one: increasing prices. The higher price for inputs will eventually be paid by the end user. Examples of this can be seen when grain yields in Russia dropped and bread in Germany got more expensive or after a wet season the potato yield was lower then expected and fries became more expensive in Holland. Actually, this should not really be a problem, if the market could solve problems in the same way as centuries ago: if there are no potatoes, you cannot eat them. But the behavior of the market participants has changed. The sad thing in a globalised world is that when yields are disappointing, the rich part of the world can afford to buy what perhaps would be better to share amongst all.

Secondly, the increasing use of antibiotics and pesticides increases health risks for the consumer, as was clearly displayed by the recent EHEC bacteria on salad (or was it cucumber?).

Thirdly, the increase in production and consequent increase in energy use will have further impact on consumer health (Fukushima) and their energy bills.

As business-as-usual continues the resulting system will not benefit the consumer. In the middle and long-term, the consumer will become the victim too of today's business as practised by many large players.

Fortunately, we have a growing group of consumers that becomes conscious that normal consumption means supporting the contemporary system and that it is time for a change. This partly explains the increase in regional, fair-trade and organic products. Partly, because it's also explained through (fair) egocentric motivations; with organic consumption I am sure I am not filling my body with poison and with regional I know where my product comes from.

6. The opportunity

To get out of the rut, manufacturers can decide to step out of the anonymous world market and make long term contracts with its suppliers. With this contract the owner of the natural resource and the manufacturer agree to cooperate long-term. For the raw material producer this opens room for making long term investments and a long term planning as he is sure that he will sell his product for a fair price. Also the manufacturer is motivated to deliver quality as he wants to build up a good long term relation with his client. The manufacturer benefits from the same mechanism. They don't depend on the world market for their supply and prices are predictable and stable. Furthermore there is much more certainty on the quality. The beautiful thing: grower and manufacturer suddenly have a shared interest to use the resources sustainably.

This in turn enables the manufacturer to meet the demands of the consumer best possible. They can now tell the consumer where their products are coming from, offer a stable price and will develop the reputation of a trusted supplier as apparently they make long term commitments. That is true value for the consumer. That is the opportunity: manufacturer and consumer have a shared interest.

7. Towards a sustainable society

We all learn at school how ancient societies emerged, became large and collapsed. There where the Greeks, the Egyptians, and the Romans to name a few. There is a very good book by Jared Diamond called „Collapse" that explains with five variables why societies like the eastern Island population, the Mayas etc. collapsed. The five variables are: climate change, hostile neighbours, collapse of essential trading partners, environmental problems, and failure to adapt to environmental issues.

In our globalised society we can forget about trading partners and hostile neighbours to help us. Our collapse can only be avoided by stopping climate change, avoiding environmental problems and being adaptive. That means operating in a sustainable way, which is also in our common interest.

Unfortunately, as we now understand, no species on earth is programmed to act sustainably. The ones seeking to evolve and become more and more efficient are the ones that survive. But as we haven't seen and experienced (yet!) the negative consequences of our habits, no internal motivation will surface to do so sustainably.

Fortunately, we also have a set of brains that enables us to calculate the logical consequences of our behaviour and as a result some of us are already producing sustainably.

This new way of working, is not going „back-to-how-it-used-to-be". It's a new way of working, resulting from a vision. For them and for the world, the first manufacturers start to make fair long-term contracts and work towards a completely sustainable supply chain. If we keep on giving our money to the short-term investors, they will never disappear. Therefore companies starting to focus on a long term sustainable production deserve our full support, because they are the ones that don't destroy but build our world.

Perhaps the largest challenge for these companies is to convince the consumer that they stepped away from business-as-usual and that they can actually offer much better what the consumer is asking for. This demands a trust building and communication process between producer and consumer. We need a process that also includes education as an external motivation to act sustainable.

Autoren

Prof. Dr. Thomas Blaha ist Institutsdirektor der Außenstelle für Epidemiologie der Stiftung Tierärztliche Hochschule Hannover. Nach dem Studium der Veterinärmedizin in Leipzig war er von 1971 bis 1974 am Institut für angewandte Tierhygiene beschäftigt. Nach der Promotion (Dr. med. vet.) war Thomas Blaha von 1974 bis 1980 in einer tierärztlichen Praxis in Thüringen und von 1980 bis 1991 am Institut für bakterielle Tierseuchenforschung tätig. 1983 erfolgte die Habilitation, seit 1991 hat er die Professur für Epidemiologie an der Tierärztlichen Hochschule Hannover inne. Von 1996 bis 2001 war er Professor of Epidemiology College of Veterinary Medicine, University of Minnesota (USA). Diplomate European College of Veterinary Public Health seit 2002, Diplomate European College of Porcine Health Management seit 2005. Vorsitzender der Tierärztlichen Vereinigung für Tierschutz (TVT) seit 2007. Seit 2011 ist Thomas Blaha Mitglied des wissenschaftlichen Beirats des Instituts für Nachhaltiges Management e.V. (ifnm), Bonn.

Prof. Dr. Matthias Fifka ist seit 2011 Inhaber der Dr. Jürgen Meyer Stiftungsprofessur für Internationale Wirtschaftsethik und Nachhaltigkeit an der Cologne Business School (CBS). Von 2001 bis 2010 unterrichtete er Internationale Wirtschaft und Politik an der Wirtschafts- und Rechtswissenschaftlichen Fakultät der Universität Erlangen-Nürnberg. In Forschung und Lehre beschäftigt er sich in erster Linie mit Themen der Sustainability, Corporate Social Responsibility und des Corporate Citizenship, aber auch dem Business-Government Relationship, dem wirtschaftlichen und politischen System der USA, dem Umfeld internationaler Unternehmenstätigkeit für Foreign Direct Investment, internationalen Wirtschaftsbeziehungen sowie Wahlen und Wahlkämpfen in den USA und Deutschland. Seit 2007 ist er auch als Visiting Professor am Nance College for Business Administration der Cleveland State University tätig. Von 2003 bis 2006 hatte er einen Lehrauftrag an der École de Commerce de Clermont, Clermont-Ferrand, Frankreich, inne. Zudem ist er seit Beginn des Jahres 2008 als stellvertretender Direktor des Deutsch-Amerikanischen Institutes in Nürnberg tätig und berät freiberuflich Unternehmen auf unterschiedlichen Gebieten. Matthias Fifka promovierte im Jahr 2004 zum Thema Unternehmensverbände in den USA. Im Februar 2011 habilitierte er mit der Arbeit Corporate Citizenship in Deutschland und den USA – Unterschiede und Gemeinsamkeiten im gesellschaftlichen Engagement von Unternehmen und das Potenzial eines transatlantischen Transfers. Er hat die Lehrbefugnis in den Fächern Betriebswirtschaftslehre und International Studies (Auslandswissenschaft).

Nina Friedrich hat Agrarwissenschaften mit dem Schwerpunkt Agribusiness an der Georg-August-Universität Göttingen studiert. Ihre Masterarbeit verfasste Sie zum Thema „Die Zukunft des Bio-Großhandels aus Sicht des Naturkostfachhandels: Eine Händlerbefragung". Nach dem akademischen Abschluss zum Master of Science Agriculture ist Nina Friedrich seit August 2009 wissenschaftliche Mitarbeiterin am Department für Agrarökonomie und Rurale Entwicklung der Georg-August-Universität Göttingen (Professor Dr. Ludwig Theuvsen). Ihr Forschungsschwerpunkt liegt im Themenfeld Nachhaltigkeit in der Ernährungsbranche.

Guido Frölich begann nach dem landwirtschaftlichen Studium in Bonn seine berufliche Laufbahn in der Schädlingsbekämpfung. Über das Pestmanagement, zuletzt als Niederlassungsleiter, kam er zum Hygiene- und Qualitätsmanagement. Nach dem Aufbau eines Schädlingseigenkontrollsystems bei tegut... wechselt er den Arbeitsschwerpunkt und betreut seit 2000 das tegut... Profilwarenfach Obst- und Gemüse. Zudem ist Guido Frölich stellvertretender Leiter Qualitätsmanagement und arbeitete unter anderem in den Bereichen Milch- und Molkereiprodukte, Bio-Zertifizierung, Fisch sowie als Projektleiter, interner Auditor und externer Berater.

Dr. Markus Grube studierte Rechtswissenschaften an den Universitäten Bonn, Hamburg, Bilbao (Spanien) und Köln. Promotion zu Fragen der Verantwortlichkeit des Lebensmittelunternehmers (Lehrstuhl für Europarecht der Universität Köln). Die Zulassung als Rechtsanwalt erhielt Markus Grube 1999. Er ist Fachanwalt für gewerblichen Rechtsschutz in der auf das Gebiet des deutschen und europäischen Lebensmittelrechts spezialisierten Rechtsanwaltspraxis Krell Weyland Grube in Gummersbach. Markus Grube ist Lehrbeauftragter der Fachhochschule Osnabrück (Agrarwissenschaften) sowie Mitglied des Rechtsausschusses des BLL, des wissenschaftlicher Beirats der Forschungsstelle für Lebensmittel- und Futtermittelrecht (Philipps-Universität Marburg), des GRUR-Fachausschusses für Arznei- und Lebensmittelrecht und Vorsitzender des Food Lawyers Network Worldwide e.V. Er referiert regelmäßig auf Fachveranstaltungen zu Fragen des Lebensmittelrechts und des Gewerblichen Rechtsschutzes.

Prof. Dr. Eberhard Haunhorst ist Präsident des Niedersächsischen Landesamtes für Verbraucherschutz und Lebensmittelsicherheit (LAVES) in Oldenburg. Nach dem Studium der Veterinärmedizin an der Freien Universität Berlin folgte 1988 der Eintritt in den amtstierärztlichen Dienst. Seit 1990 Fachtierarzt für öffentliches Veterinärwesen, 1993-1995 Referent für Lebensmittel- und Fleischhygiene beim Senator für Gesundheit, Bremen. Von 1996 bis 2001 war Eberhard Haunhorst Leiter des Lebensmittelüberwachungs-, Tierschutz- und Veterinärdienstes des Landes Bremen und ist seit 2002 Präsident des LAVES. Im April 2009 erfolgte die Bestellung zum Honorarprofessor an der Tierärztlichen Hochschule Hannover. Er hat zahlreiche Fachveröffentlichungen auf dem Gebiet des gesundheitlichen Verbraucherschutzes publiziert und war EU Twinning-Projektleiter für den Aufbau der Lebensmittel- und Veterinärverwaltung in verschiedenen Ländern (Bosnien-Herzegowina, Bulgarien, Kosovo etc.). Seit 2010 ist Eberhard Haunhorst Vorstandsvorsitzender des Instituts für Nachhaltiges Management e.V. (ifnm), Bonn.

Prof. Dr. Ulrich Krell studierte nach abgeschlossener Banklehre Rechtswissenschaften an den Universitäten Frankfurt/Main und Freiburg/Breisgau, Rechtsanwaltszulassung seit 1974. Nach der Promotion am Lehrstuhl für Handels- und Wirtschaftsrecht in Freiburg Beginn der Anwaltstätigkeit. 1991 Verselbständigung und Ausgründung der auf das Gebiet des deutschen und europäischen Lebensmittelrechts spezialisierten Rechtsanwaltspraxis in Gummersbach, jetzt Büro Krell Weyland Grube, Gummersbach. Ulrich Krell betreut eine fast ausschließlich überregionale Klientel aus der Lebensmittel herstellenden Industrie und aus dem Lebensmittelhandel und zwar europaweit. Seit 1976 Lehrauftrag für nationales und internationales Lebensmittelrecht (Honorarprofessur seit 1989) an der Fachhochschule Ostwestfalen in Lemgo. Er ist zudem Geschäftsführer des Fachverbandes der Westfälischen Fleischwarenindustrie, Stellvertreter des Präsidenten des Bundesverbandes der Deutschen Fleischwarenindustrie und Mitgründer der auf die Lebensmittelwirtschaft spezialisierten Unternehmensberatung food consult AG. Ulrich Krell ist Autor und Herausgeber zahlreicher Veröffentlichungen im Lebensmittelrecht und Mitglied in mehreren Aufsichts- und Beiräten von Unternehmen. Seit 2010 ist er zudem Mitglied des wissenschaftlichen Beirats des Instituts für Nachhaltiges Management e.V. (ifnm), Bonn.

Pieter van Midwoud studierte Umweltpolitik an der Universität Wageningen in den Niederlanden. Bevor er ecoScan (Freiburg/Breisgau) als Gesellschafter mitgründete, arbeitete er für die UBS Bank in Argentinien, die Vereinten Nationen in New York und das Niederländische Landwirtschaftsministerium im Bereich der Entwicklung von glaubwürdigen Systemen der Nachverfolgbarkeit. Mit ecoScan wurde ein Konzept erarbeitet, das die Bedürfnisse von Hersteller und Konsumenten befriedigen soll. Während ecoScan für Unternehmen ein glaubwürdiges Kommunikationswerkzeug ist, stellt es für die ecoScan Community (die Konsumenten) eine Plattform dar, die gleichzeitig fördert und fordert.

Autoren

Dr. Jennifer Teufel hat im Jahr 2000 im Fach Biologie an der Albert-Ludwigs-Universität Freiburg/Breisgau promoviert. Seit Beginn ihrer Tätigkeit am Öko-Institut e.V. im Jahr 2001 arbeitet sie als wissenschaftliche Mitarbeiterin zu Nachhaltigkeitsaspekten in der Lebensmittelproduktion sowie zur Kennzeichnung und Kommunikation von nachhaltigen Ernährungsangeboten. Hierzu zählt auch die Analyse und Bewertung von ökologischen und gesundheitlichen Risiken entlang des gesamten Produktlebensweges von Lebensmitteln. Im Rahmen der Tätigkeiten des Öko-Institutes zur Erfassung der Product Carbon Footprints (PCF) von Produkten und Dienstleistungen, die unter anderem zum Ziel haben eine einheitliche Erfassungsmethodik im Rahmen einer internationalen Harmonisierung zu entwickeln, hat Jennifer Teufel verschiedene Projekte zur Erfassung der PCFs von verschiedenen Lebensmittelprojekten geleitet. Darüber hinaus arbeitet sie zu verschiedenen Schwerpunkten im Bereich Labelling (Konzeption eines allgemeinen Nachhaltigkeitslabels, Integration des PCF in bestehende Labelsysteme, Vergleich unterschiedlicher Labelsysteme).

Prof. Dr. Ludwig Theuvsen ist seit 2002 Professor für Betriebswirtschaftslehre des Agribusiness an der Universität Göttingen. Seine Forschungsschwerpunkte liegen in den Bereichen Corporate Social Responisbility im Agribusiness, Personal- und Qualitätsmanagement im Agribusiness, Organisation und Transparenz von Wertschöpfungsketten und strategisches Management in der Ernährungswirtschaft. Ludwig Theuvsen war von 2006-2010 Vorsitzender der Gesellschaft für Informatik in der Land-, Forst- und Ernährungswirtschaft. Er fungiert gegenwärtig als Schriftleiter des German Journal of Agricultural Economics. Er ist darüber hinaus Mitglied unter anderem des FoodNetCenter Bonn, des NieKE – Landesinitiative Ernährungswirtschaft, des International Advisory and Editorial Board des Journal on Chain and Network Science sowie des Editorial Advisory Board des Polish Journal of Food and Nutrition Sciences. Seit 2010 ist er zudem Mitglied des wissenschaftlichen Beirats des Instituts für Nachhaltiges Management e.V. (ifnm), Bonn.

Dr. Torsten Weber hat nach seinem Studium der Betriebswirtschaftslehre an der Universität zu Köln über „Sozial-inhärente Produkte: Zur Implementierung sozialer Produktattribute im Produktmarketing" promoviert und als wissenschaftlicher Mitarbeiter am Lehrstuhl für Beschaffung und Produktpolitik gearbeitet (Prof. Dr. Udo Koppelmann). Anschließend war er am Lehrstuhl von Prof. Dr. Franziska Völckner (Seminar für Marketing und Markenmanagement der Universität zu Köln) tätig. 2009 erfolgte der Eintritt bei der AFC Management Consulting AG, einer Unternehmensberatung mit ausschließlicher Ausrichtung auf die Food Value Chain. Torsten Weber berät Industrie- und Handelsunternehmen der Agrar- und Ernährungswirtschaft im Bereich des Marken-, Risiko- und Krisenmanagements sowie des nachhaltigen Wirtschaftens. Er hat als Autor und Herausgeber zahlreiche Fachveröffentlichungen publiziert und ist Dozent für Marketing an der Cologne Business School.

Dr. Christoph Willers studierte Betriebswirtschaftslehre an der Universität zu Köln und an der Aarhus School of Business/Dänemark. Im Anschluss promovierte er am Lehrstuhl für Allgemeine BWL, Beschaffung und Produktpolitik (Prof. Dr. Udo Koppelmann) an der Universität zu Köln zum „Marketing in Widerstandsmärkten". Seit 2010 ist Christoph Willers Geschäftsführer des Instituts für Nachhaltiges Management e.V. (ifnm) in Bonn. Darüber hinaus ist er seit 2007 als Senior Consultant bei der AFC Management Consulting AG schwerpunktmäßig im Marken-, Risiko- und Krisenmanagement sowie für das internationale Beraternetzwerk RQA tätig. Er ist Autor und Herausgeber zahlreicher Veröffentlichungen und referiert regelmäßig zu verschiedenen Themen aus der Agrar- und Food-Branche. Christoph Willers ist Dozent für Marketing und Produktpolitik an der Verwaltungs- und Wirtschaftsakademie in der Universität zu Köln.

Institut für Nachhaltiges Management e.V. (ifnm)

Das Institut für Nachhaltiges Management e.V. (ifnm) befasst sich mit der ganzheitlichen Untersuchung von Fragestellungen hinsichtlich Nachhaltigkeitsstrategien, -maßnahmen und den daraus resultierenden Wirkungen im privatwirtschaftlichen und öffentlichen Sektor. Der Fokus des ifnm liegt auf dem Management dieses Themenfeldes im Agrar- und Food-Bereich sowie angrenzenden Bereichen.

Nachhaltigkeit betrifft dabei die ökonomische, ökologische und soziale Betrachtungsebene – im Rahmen einer ganzheitlichen und integrierten Sichtweise entlang der Supply Chain. Das ifnm orientiert sich dabei am „Triple-S": Sustainability, Supply Chain und Stakeholder. Die Leistungen des ifnm zum Themenfeld des „Nachhaltigen Managements" beruhen dabei auf drei zentralen Säulen und sind qua Satzung definiert: Wissen schaffen, Wissen anwenden, Wissen weitergeben.

Um den vielschichtigen Fragestellungen rund um ein nachhaltiges Management umfassend zu begegnen, bedarf es eines interdisziplinären und integrierten Wissenschafts- und Praxisansatzes. Als unabhängige Plattform übernimmt das ifnm diese Funktion und koordiniert die Zusammenarbeit und den Austausch zwischen Wissenschaft, öffentlichen und privatwirtschaftlichen Akteuren sowie weiteren gesellschaftlichen Interessensgruppen. Das Arbeitsfeld ist international ausgerichtet.

Das ifnm wird durch einen wissenschaftlichen Beirat begleitet, der den Vorstand in Fragen der Nachhaltigkeit berät und das Institut in der Öffentlichkeitsarbeit unterstützt. Der eingetragene Verein wurde 2010 gegründet. Die Geschäftsstelle befindet sich in Bonn.

Mitgliedschaft

Werden Sie Mitglied im Institut für Nachhaltiges Management e.V. (ifnm):

- Stärken Sie ihr Netzwerk rund um das komplexe Themenfeld der Nachhaltigkeit
- Profitieren Sie vom aktuellen Austausch über Forschungsergebnisse und Praxiserfahrungen
- Bringen Sie Ihre Ideen ein und gestalten aktiv die Meinungsbildung mit
- Werden Sie Projektpartner bei Fragestellungen und Problemen hinsichtlich des nachhaltigen Managements
- Profitieren Sie von Vergünstigungen bei Publikationen und Veranstaltungen des ifnm

Sind Sie an einer Mitgliedschaft interessiert? Bitte sprechen Sie uns an:

Institut für Nachhaltiges Management e.V.

Dottendorfer Straße 82

53129 Bonn

Telefon: 0228 / 98 579-0

Fax: 0228 / 98 579-79

info@ifnm.net